KB220483

신앙과 경건

경건훈련 광야 40일

신앙과 경건

초판1쇄 인쇄 2019년 6월 4일
초판1쇄 발행 2019년 6월 5일

지은이 문용권
발행인 이왕재

펴낸곳 건강과 생명(www.healthlife.co.kr)
주   소 03082 서울시 종로구 대학로7길 7-4 1층
전   화 02-3673-3421~2 팩   스 02-3673-3423
이메일 healthlife@healthlife.co.kr
등   록 제 300-2008-58호

총   판 예영커뮤니케이션
전   화 02-766-7912 팩   스 02-766-8934

정   가 5,000원

ⓒ건강과 생명 2019
ISBN 978-89-86767-45-2 03230

이 도서의 국립중앙도서관 출판예정도서목록(CIP)은 서지정보유통지원시스템 홈페이지(http://seoji.nl.go.kr)와
국가자료종합목록 구축시스템(http://kolis-net.nl.go.kr)에서 이용하실 수 있습니다. (CIP제어번호 : CIP2019020944)

신앙과 경건

경건훈련 광야 40일

문용권

| 목차 |

경건의 신앙을 위하여

경건은 신앙의 생명이다. 영혼 없는 몸이 죽은 것처럼 경건이 없는 신앙은 죽은 신앙이요, 외식이요, 종교의 허무한 경건의 모양이다. 경건은 믿음으로 말씀을 이루어가는 하나님의 성품이다. 우리는 삶의 현장에서 자연스럽게 이 경건의 모습이 드러나고 경건의 능력이 나타나야 한다. 현재 교회들이 보이는 형식과 의식 그리고 행사들 속에서 경건의 모양을 만들어 가려고 하는 모습을 보는데, 경건은 모양으로 되는 것이 아니라 내면에서부터 자연스럽게 형성되어 생활 속에서 나타나야 한다. "디모데후서 3장 5절에 "경건의 모양은 있으나 경건의 능력은 부인하니 이같은 자들에게서 네가 떠나라" 하였다.

오늘 우리는 경건을 상실한 시대의 한 구성원은 아닌지 자신을 살펴보자. 점점 세속화 인본주의 신앙이 자연스럽게 정당화 되어가는 시대에, 다시 경건 운동을 일으켜서

교회를 살리고 우리 자신 또한 생명의 신앙으로 회복되어
야 한다.

"육체의 연단은 약간의 유익이 있으나 경건은 범사에
유익하니 금생과 내생에 약속이 있느니라"(디모데전서 4장 8절)
그렇다. 경건의 신앙이 곧 생명에 이르는 길이다.

한국 교회와 우리가 다시 경건의 운동을 통하여 교회가
교회되고, 우리의 신앙이 세상을 변화시키는 복음의 능력
이 되어야 한다. 그러기 위하여 나 자신을 위하여, 교회의
갱신을 위하여 경건의 훈련에 힘써야 한다. 이에 따라 저
자는 이 책의 독자들이 이 땅에 경건 운동을 일으키는 주
역이 되어 교회에 새 부흥을 가져다 주기를 바라는 마음으
로 이 훈련 교재를 만든다. 여기에 제시한 방법대로 실천
하는 분들은 체험하지 못했던 하나님의 임재를 경험하게
되고, 신령하고 행복한 신앙으로 승리하게 될 것이다.

Ⅰ. 경건 훈련 방법

1. 먼저 기도하면서 40일을 작정한다.

2. 이 기간에 여행이나 출타로 작정된 시간을 변동하지 말라.

3. 금번 기간에 내 신앙의 변화를 기대하라. (은혜를 사모하라!)

4. 할 수 있으면 하루에 한 끼 금식하면서 전념하라.

5. 사람들과의 만남을 조심하고 사사로운 말은 삼가라.

6. 누구에게든지 감정이 있으면 사전에 풀고 시작하라.

Ⅱ. 구체적인 방법

1. 새벽 시간이나 저녁 한가한 시간을 하나님과 약속하라.

2. 몸과 마음을 깨끗하고 단정하게 하라.

3. 정한 자리에서 묵상하고 그날의 성경을 정독하라.

4. 경건의 묵상으로 자신을 돌아보며 묵상하라. (기록할 것은 기록)

5. 오늘의 찬송가를 세 번 이상 은혜가 될 때까지 소리내어 불러라.

6. 기도제목을 갖고 한 가지에 5분 이상 기도하라. (가족이나 자녀뿐
   아니라 중보기도를 더 많이 하라.)

7. 감동이 오는 대로 울면서 통곡하며 기도하라

Ⅲ. 경건한 믿음으로 종일토록 가슴이 뜨거워질 것이다

세례를 받으심

성경읽기 _ 마태복음 3:13-17

세 례 요한이 요단강에서 회개의 세례를 베풀 때에
많은 사람들이 각처에서 와서 죄를 자복하고 그에
게 세례를 받았다. 그때 예수님께서도 요한에게 요단강에
서 세례를 받으셨다. 예수님은 세례를 받으실 필요가 없
는데 의를 이루시기 위하여 세례를 받으시고 물 위로 올
라오실 때에 하늘이 열리고 성령이 비둘기같이 임하셨다.
이때에 하늘에서 소리가 있어 말씀하시기를 "이는 내 사
랑하는 아들이요 내 기뻐하는 자라" 하셨다. 이로 말미암
아 세례가 무엇이며 어떤 은혜인가를 보여주셨다.

세례를 받으면 하늘이 열린다. 성령이 임재하신다. 하
나님의 사랑받는 아들이 된다. 세례는 은총이다. 세례는

다시 거듭나는 의식이다. 세례와 함께 옛 사람은 죽고 하나님의 사람, 즉 영에 속한 사람으로 거듭나게 되는 것이다. 그래서 세례를 받아야 한다. 우리는 성부, 성자, 성령의 이름으로 세례를 받았다. 그런데 지금 우리는 세례의 신앙생활을 하고 있는가? 육신의 안목과 정욕으로 살고 있는 우리는 과연 세례 받은 자인가? 세례가 잘못되었는가? 우리 자신이 위선자로 자신과 하나님을 속이려 하고 있지 않은가? 하늘이 열리고 성령의 임재하심으로 땅에 속한 삶이 아닌 하나님 자녀로서의 삶이 이루어지고 있는가? 회개하고 우리는 세례의 경건을 회복해야 한다.

영적인 세례, 성령의 세례, 진정한 세례를 받고 거듭남으로써 경건의 삶이 시작되어야 한다.

📖 경건의 묵상

· ·

1. 어떤 각오와 결심으로 세례를 받았나?

2. 세례를 깊이 생각해 보았나?

3. 우리 일상생활에서 거듭남에 따른 삶이 이루어지고 있나?

4. 하늘이 열리고 성령의 감동을 받고 있나?

♬ 찬송가 부르기

. . . .

찬송가 288장 두 번 이상 부르기

✋ 30분 기도하기

. . . .

1. 오늘 경건한 신앙의 삶이 되도록

2. 본 교회와 목회자를 위하여

3. 세속화 되어가는 한국교회의 각성을 위하여

4. 주위에 연약한 자, 병든 자의 치유를 위하여

5. 국가의 위정자들을 위하여

6. 북한의 교회와 동포들을 위하여

7. 내 가정과 자녀들의 신앙을 위하여

8. 외국에서 사역하는 선교사들을 위하여

9. 개척 교회와 농어촌 교회의 목회자들을 위하여

10. 헐벗고 굶주린 이웃을 위하여

11. 다문화 가정과 자녀들을 위하여

기도의 불을 붙이라! 기도의 내용을 찾으라 _ C. H. 스펄전

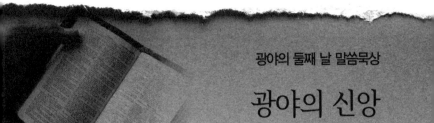

광야의 신앙

성경읽기 _ 마태복음 4:1-11

예 수님은 세례를 받으시고 성령의 인도로 광야에 가
셨다. 사십일을 밤낮으로 금식하시고 마귀의 시험
을 받으셨다. 신앙생활은 광야생활이다. 도시의 과학문명
과 화려하고 풍요로운 생활이 아니라 광야의 태양과 맹
수, 그리고 외로움과의 싸움이다.

이스라엘 민족이 출애굽하여 나온 땅이 광야였다. 풀
한 포기 자랄 수 없는 환경, 황량한 광야에 보이는 것이라
곤 낮에는 구름기둥, 밤에는 불기둥이었다.

예수님께서는 신앙이 무엇인가를 광야에서 몸소 가르쳐
주셨다. 신앙은 광야같은 세상에서 필요한 물질 욕망과의
싸움, 인간관계 속에서 생기는 명예욕과의 싸움, 그리고

권력이 주는 유혹과의 끊임없는 싸움이다.

"끝으로 너희가 주 안에서와 그 힘의 능력으로 강건하여지고 마귀의 간계를 능히 대적하기 위하여 하나님의 전신 갑주를 입으라 우리의 씨름은 혈과 육을 상대하는 것이 아니요 통치자들과 권세들과 이 어둠의 세상 주관자들과 하늘에 있는 악의 영들을 상대함이라"(엡 6:10-12)

신앙생활은 도시문명에서 광야로 떠나는 것이다. 사람들이 실패하는 이유는 광야에서의 구름기둥과 불기둥을 바라보지 않고 보이는 세상을 바라보기 때문이다.

광야생활에 성공하라. 하나님의 약속을 믿고 만나와 생수로 만족하며 부르심의 비전을 바라보고 인내로서 광야생활을 하라. 예수님의 공생애는 광야생활이었다.

"믿음의 주요 또 온전하게 하시는 이인 예수를 바라보자 그는 그 앞에 있는 기쁨을 위하여 십자가를 참으사 부끄러움을 개의치 아니하시더니 하나님 보좌 우편에 앉으셨느니라"(히 12:2)

예수님의 광야생활 승리는 천사들의 도움, 하나님의 도

우심을 보여준다. 신앙은 광야의 고난과 인내로 믿음을 지켜야 하는 성도의 삶이다.

오늘 나는 광야를 향하고 있는가? 도시로 향하고 있는가? 광야에서 구름기둥을, 그리고 불기둥을 보고 가는가? 화려한 빌딩, 숲속의 아파트에서도 만족을 누리지 못하고 불평하고 불만으로 살아가고 있는가?

📖 경건의 묵상

1. 내가 바라는 신앙생활은 무엇인가?
2. 신앙생활의 실패는 무엇이라고 생각하는가?
3. 광야생활이 어떻게 경건에 유익이 되는가?

🎵 찬송가 부르기

찬송가 364장 두 번 이상 부르기

🤚 30분 기도하기

1. 오늘 경건한 신앙의 삶이 되도록
2. 본 교회와 목회자를 위하여

3. 세속화 되어가는 한국교회의 각성을 위하여

4. 주위에 연약한 자, 병든 자의 치유를 위하여

5. 국가의 위정자들을 위하여

6. 북한의 교회와 동포들을 위하여

7. 내 가정과 자녀들의 신앙을 위하여

8. 외국에서 사역하는 선교사들을 위하여

9. 개척 교회와 농어촌 교회와 목회자들을 위하여

10. 헐벗고 굶주린 이웃을 위하여

11. 다문화 가정과 자녀들을 위하여

기도의 불을 붙이라! 기도의 내용을 찾으라 _ C. H. 스펄전

복된 신앙생활

성경읽기 _ 마태복음 5:1-12

신앙생활은 자신의 발견이다. 행복한 신앙은 자신의 발견과 함께 이루어진다. 예수님은 신앙의 첫 단계를 내면에서부터 출발하라고 하셨다. 영적인 가난, 의의 가난, 심령의 가난과 내 안에 가득 차 있는 교만과 정욕과 허영을 볼 수 있어야 한다. 이것들이 영적인 불행의 요소들이다. 자신이 가지고 있는 종교적 자기 의에 대한 열심은 영적으로 유익이 되지 못한다. 사실 이런 것들이 하나님의 의를 가로막고 심령의 천국을 가로막고 있다.

신앙의 행복은 이것들을 비우는 것이다. 자기 의를 비우는 것이다. 자신이 가장 가난하고 비천한 존재임을 발견하고 영적인 은혜를 사모하는 마음에 하나님의 평화가 이루어진다. 천국은 미래의 내세에서 이루어지기 전, 여기에서 심령의 천국을 이룬 자가 영원한 천국의 주인이 된다.

가난한 심령으로 신앙생활을 하자! 이것이 산상수훈의 첫 교훈이다. 세상의 보이는 것에 웃고 즐기는 것이 아니라 죄에 대한 두려움에 애통하는 자에게 하늘의 위로, 곧 영적인 위로가 주어진다. "보이는 것은 잠깐이요 보이지 않는 것은 영원함이라." "보이는 것을 누가 믿으리요." 그리스도 안에 있는 자는 현실에 울고 웃고 하는 자가 아니요, 세상의 죄악을 보고 애통하는 의가 있는 자이다.

주님은 말씀하신다. "온유하라. 그리하면 인생을 복되게 살리라. 누구에게든지 악을 악으로 갚지 말고 선과 사랑으로 악을 이기라." 저주하지 않는 자, 양보하는 자, 이해하여 주는 자, 사랑으로 덮어주는 자, 이러한 것이 인생을 승리로 이끄는 비결이다.

인간의 비극은 욕심에서부터 시작된다. 욕심은 죄의 시작이다. 불행의 시작이다. 그래서 예수님은 세상적인 욕심을 버리고 의를 사모하라고 하신 것이다. 의란 하나님의 뜻의 이루어짐이요, 사회와 공동체의 바른길이다.

예수님이 세상에 오심은 그분 자신의 뜻을 이루려 하심

이 아니라 그분을 보내신 그분의 아버지의 뜻을 이루려 하심이었다(요 6:38). 신앙은 자기의 뜻을 포기하고 하나님의 뜻을 이루는 것이다. 의를 사모하라! 그리하면 모든 것이 다 이루어진다.

"그런즉 너희는 먼저 그의 나라와 그의 의를 구하라 그리하면 이 모든 것을 너희에게 더하시리라"(마 6: 33)

신앙은 내면에서 먼저 이루어지는 역사이다. 긍휼한 마음으로 정결하게 화평을 도모하며 자기를 희생하는 것, 이것이 그리스도인이요 하나님 자녀의 삶이다. 이로 인하여 박해를 받고 고통을 이겨내는 자가 신앙에 승리하는 것이다. 욕을 먹고 모함을 받아도 이것이 하나님께 바로 나아가는 신앙의 길이다. 우리는 지금 경건의 신앙훈련을 통하여 자신의 신앙을 갱신하는 기회가 되었으면 한다. 그리고 이 길을 가기로 결단하자.

📖 경건의 묵상

1. 우리의 약점은 자신을 보지 못한다는 것이다.

2. 한 번이라도 조용히 내 마음의 생각을 점검해 보았는가?

3. 마음을 비우기 위하여 어떤 일들을 해 보았는가?

4. 참된 신앙의 복을 생각해 보았는가?

♪ 찬송가 327장 두번 이상 부르기
✋ 30분 기도하기

1. 오늘 경건한 신앙의 삶이 되도록

2. 본 교회와 목회자를 위하여

3. 세속화 되어가는 한국교회의 각성을 위하여

4. 주위에 연약한 자, 병든 자의 치유를 위하여

5. 국가의 위정자들을 위하여

6. 북한의 교회와 동포들을 위하여

7. 내 가정과 자녀들의 신앙을 위하여

8. 외국에서 사역하는 선교사들을 위하여

9. 개척 교회와 농어촌 교회와 목회자들을 위하여

10. 헐벗고 굶주린 이웃을 위하여

11. 다문화 가정과 자녀들을 위하여

기도의 불을 붙이라! 기도의 내용을 찾으라 _ C. H. 스펄전

진정한 경건의 삶

성경읽기 _ 마태복음 6:1-15

경건은 모양이 아니다. 형식도 의식도 아니다. 내면
에서 밖으로 나오는 삶이다. 사람들은 경건을 종교
적 의식이나 봉사와 헌신의 삶에서 나타나는 현상에서 찾
으려 한다. 경건은 신앙적인 내면에서 자연스럽게 우러나
오는 의로운 삶이라 할 수 있다.

예수님은 구제할 때에도 사람들에게 보이려고 혹은 자
신의 의로운 종교적 행위를 위하여 베푸는 것이 되지 않
도록 하라고 하셨다.

"너는 구제할 때에 오른손이 하는 것을 왼손이 모르게 하여
네 구제함을 은밀하게 하라…" (마 6:3-4)

구제도 마음속에 먼저 긍휼이 있을 때 자연스럽게 행동으로 나오고 물질로 표현을 하게 된다. 진실된 마음만이 하나님의 사랑이며 구제요, 이것이 경건이 될 것이다.

"하나님 아버지 앞에서 정결하고 더러움이 없는 경건은 곧 고아와 과부를 그 환난중에 돌보고 또 자기를 지켜 세속에 물들지 아니하는 그것이니라"(약 1:27)

기도는 경건의 산물이 되어야 한다. 외식하는 기도, 중언부언의 기도, 형식에 매인 기도, 때를 따라 드리는 전통적인 기도는 진정한 기도일 수 없다. 기도는 간절함과 진실한 믿음에서 나오는 것이다. 그래서 때로는 애통과 통곡과 은밀함의 기도가 있는 것이다.

"너는 기도할 때에 네 골방에 들어가 문을 닫고 은밀한 중에 계신 네 아버지께 기도하라 은밀한 중에 보시는 네 아버지께서 갚으시리라"(마 6:6)

예수님의 기도의 경건을 보라. 우리는 주님이 가르쳐주신 기도를 참고해보아야 한다. 무엇을 위한 기도인지, 어떤 기도인지, 주님의 기도야말로 경건한 삶의 내용이요 모습이기 때문이다.

"그는 육체에 계실 때에 자기를 죽음에서 능히 구원하실 이에게 심한 통곡과 눈물로 간구와 소원을 올렸고 그의 경건하심으로 말미암아 들으심을 얻었느니라" (히 5:7)

📖 경건의 묵상

1. 어려운 이웃을 볼 때 내 마음에 뜨거운 긍휼이 있었나?

2. 어려운 이웃을 도울 때 인색한 마음이 들었나?

3. 골방에서 아무도 모르게 드리는 기도는 언제였나?

4. 간절함과 진실함이 담긴 눈물의 기도가 있었나?

🎵 찬송가 부르기

찬송가 279장 세 번 이상 부르기

✋ 30분 기도하기

∙∙∙

1. 오늘 경건한 신앙의 삶이 되도록

2. 본 교회와 목회자를 위하여

3. 세속화 되어가는 한국교회의 각성을 위하여

4. 주위에 연약한 자, 병든 자의 치유를 위하여

5. 국가의 위정자들을 위하여

6. 북한의 교회와 동포들을 위하여

7. 내 가정과 자녀들의 신앙을 위하여

8. 외국에서 사역하는 선교사들을 위하여

9. 개척 교회와 농어촌 교회와 목회자들을 위하여

10. 헐벗고 굶주린 이웃을 위하여

11. 다문화 가정과 자녀들을 위하여

기도의 불을 붙이라! 기도의 내용을 찾으라 _ C. H. 스펄전

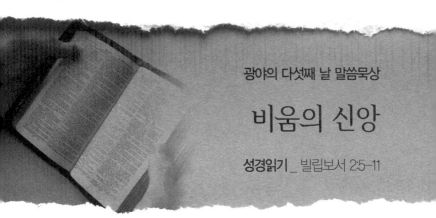

비움의 신앙

성경읽기 _ 빌립보서 2:5-11

신앙의 본질은 비움이다. 예수님은 근본 하나님의 본
체이시다. 그러나 본체의 영광을 비우시고 피조물
로 세상에 오셨다. 이해할 수도 설명할 수도 없는 신비의
사건이다. 사람의 모양으로 내려오셔서 인간의 실체로서
의 고난을 받으시고, 환경에 적응하시고, 온갖 고난과 함
께 십자가에서 죽기까지 자기를 비우셨다. 설명이 되지
않는 사건이지만 사실이며 이 사실이 하나님의 사랑의 내
용이다. 이 사랑 때문에 우리는 살고 이 사랑 때문에 예수
님은 자기를 비우시고 십자가에서 비참한 죽음을 경험하
셨다. 그러므로 하나님이 그분을 지극히 높여 모든 이름
위에 뛰어난 이름을 주사 하늘에 있는 자들과 땅에 있는

자들과 땅 아래 있는 모든 자들의 무릎을 예수님의 이름
에 꿇게 하시고, 모든 입으로 예수님을 주로 시인하게 하
사 하나님께 영광이 되게 하셨다. 이것이 비움의 본이요
사랑이며, 경건한 신앙의 내용이요 우리가 추구해야 할
경건의 모습이다. 그러므로 하나님에 대한 사랑은 이 비
움의 경건에서 이루어지고, 신앙의 헌신을 이룬다.

　우리 삶의 중심은 육신의 안목과 정욕의 눈에 사로잡힐
때 보이는 탐욕의 사슬에 매이게 된다. 보이는 것에 집착
하고 그것을 바라보며 올라가려고 몸부림치면서 이것이
하나님의 뜻인줄 알고 기도한다. 그래서 예수님이 들어오
실 자리가 없다. 이것이 내 마음, 내 중심으로 사는 인생
의 모습이다.

　비울 수 있는 믿음, 내려놓는 믿음, 예수님의 마음을 가
지게 하옵소서.

📖 경건의 묵상

1. 우리는 왜 양보를 못 하는가? (가장 중요할 때)

2. 상대방에게 져줄 수 없었던 이유는 무엇인가?

3. 삶의 중심이 자신이 될 수밖에 없는 이유는?

≣♪ 찬송가 부르기

. . . .

찬송가 314장 두 번 이상 부르기

👋 한 시간 이상 기도하기

. . . .

1. 오늘 경건한 신앙의 삶이 되도록

2. 본 교회와 목회자를 위하여

3. 세속화 되어가는 한국교회의 각성을 위하여

4. 주위에 연약한 자, 병든 자의 치유를 위하여

5. 국가의 위정자들을 위하여

6. 북한의 교회와 동포들을 위하여

7. 내 가정과 자녀들의 신앙을 위하여

8. 외국에서 사역하는 선교사들을 위하여

9. 개척 교회와 농어촌 교회와 목회자들을 위하여

10. 헐벗고 굶주린 이웃을 위하여

11. 다문화 가정과 자녀들을 위하여

기도의 불을 붙이라! 기도의 내용을 찾으라 _ C. H. 스펄전

판단하지 말라

성경읽기 _ 로마서 2:1-3 ; 마태복음 7:1-5

우 리는 죄에 대한 개념을 눈으로 볼 수 있게 나타난
결과에 자주 한정시킨다. 누가 간음했다, 도둑질했
다, 입으로 욕을 했다 등 행동으로만 정의를 내리려 한다.
그러나 예수님은 마음에서 일어나는 것 자체가 죄임을 말
씀하셨다. 음행에 대한 마음, 탐욕의 마음, 미움은 살인으
로까지 말씀하셨다. 그렇다. 쉽게 남을 비판하면서도 그
것이 얼마나 큰 죄인지 모르는 사람이 많다. 또 남을 판단
하면서 그것을 죄라고 느끼지 않고 율법의 잣대 또는 내
생각의 잣대로 함부로 남을 판단하고 정죄하는 무서운 죄
를 범하고 있다.

예수님은 산상수훈에서 "비판하지 말라. 남의 허물을

보기 전에 네 속의 허물과 약점을 찾아보라. 그리고 그것부터 빼내라" 하셨다. 외식하는 위선적인 종교인일수록 남을 비판하고 판단하는 것을 좋아한다. 자신이 의의 표준인 것처럼 생각하는 것은 얼마나 어리석은 일인가! 로마서 2장에서는 우리가 이웃을 판단하는 그 자체가 범죄요, 이로 인하여 심판을 받게 된다고 하셨다. 경건생활은 우리의 일상생활에서 떨어져 있는 것이 아니다. 경건은 이런 것에서 자신을 지키는 것이라 하셨다. 지난날을 회개하고 오히려 격려 · 칭찬 · 희망의 언어로, 용서하는 마음으로 이웃을 살려주는 삶이 신앙의 경건이다.

📖 경건의 묵상

1. 다른 사람을 비판하면서도 죄라고 느끼지 못하는 것이 혹 우리의 모습은 아닌가?
2. 보이는 대로 판단하고 비판하는 습성이 있는가?
3. 이웃의 실수를 볼 때 비판이 나오는 이유는 무엇일까?

🎵 찬송가 부르기

찬송가 220장 두 번 이상 부르기

🖐 한 시간 이상 기도하기

● ●

1. 오늘 경건한 신앙의 삶이 되도록

2. 본 교회와 목회자를 위하여

3. 세속화 되어가는 한국교회의 각성을 위하여

4. 주위에 연약한 자, 병든 자의 치유를 위하여

5. 국가의 위정자들을 위하여

6. 북한의 교회와 동포들을 위하여

7. 내 가정과 자녀들의 신앙을 위하여

8. 외국에서 사역하는 선교사들을 위하여

9. 개척 교회와 농어촌 교회와 목회자들을 위하여

10. 헐벗고 굶주린 이웃을 위하여

11. 다문화 가정과 자녀들을 위하여

기도의 불을 붙이라! 기도의 내용을 찾으라 _ C. H. 스펄전

광야의 일곱째 날 말씀묵상

아름다운 열매

성경읽기 _ 마태복음 7:15-27

예 수님께서는 잎만 무성하고 열매가 없는 무화과나
무를 저주하시므로 마르게 하셨다. 과일 나무는 그
에 합당한 열매를 맺어야 한다. 열매로 그 나무를 알게 되
는 것과 같이 그리스도인들은 열매로 자신이 하나님의 자
녀임을 나타내야 한다.

세례 요한이 요단강에서 회개의 세례를 베풀 때 당시에
철저한 종교인들이었던 바리새인과 사두개인들이 요한에
게 나아왔다. 이를 보고 요한은 이렇게 외쳤다.

"… 독사의 자식들아 누가 너희를 가르쳐 임박한 진노를 피하
라 하더냐 그러므로 회개에 합당한 열매를 맺고 속으로 아브라

함이 우리 조상이라고 생각하지 말라 … 이미 도끼가 나무 뿌리에 놓였으니 좋은 열매를 맺지 아니하는 나무마다 찍혀 불에 던져지리라"(마 3:7-10)

그렇다. 합당한 열매, 아름다운 열매를 맺어야 한다. 행함이 없는 믿음, 열매가 없는 믿음은 거짓이요 외식이다. 그래서 "좋은 열매를 맺지 아니하는 나무마다 찍혀 불에 던지우리라" 하셨다.

열매는 나무가 먹는 것이 아니다. 열매는 주인의 기쁨이요, 많은 사람들에게 아름다운 영향을 준다. 잎만 무성한 나무, 열매가 없는 나무와 같은 신자는 모두에게 위선자요 자신과 하나님을 속이는 자다. 아무리 입으로 주를 찬양하고 외치고 선지자 노릇하고 많은 이적을 행할지라도 하나님 아버지의 뜻대로 살지 않고 자기 중심으로 사는 것은 위선이요, 거짓이요, 불법이다. 많은 종교적 행사가 신앙의 열매라고 잘못 생각하는 사람들이 있다.

신앙은 자기의 뜻을 포기하고 하나님의 뜻을 따르는 것이다. 모든 이웃에게 아름다움이 되고 위로가 되고 믿음이 되는 생명의 열매를 맺자! 그리스도인다운 합당한 열매를 맺자!

🔖 경건의 묵상

1. 나는 어떤 직분이 있는가? 합당한 열매는?

2. 열매를 맺기 위하여 내가 할 일은?

3. 행함과 진실이 없는 위선적 신앙은 아닌가?

4. 다른 사람이 나를 어떻게 평가할까?

5. 하나님 앞에 드릴 열매는 무엇이 있나?

🎵 찬송가 339장 두번 이상 부르기
✋ 한 시간 이상 기도하기

1. 오늘 경건한 신앙의 삶이 되도록

2. 본 교회와 목회자를 위하여

3. 세속화 되어가는 한국교회의 각성을 위하여

4. 주위에 연약한 자, 병든 자의 치유를 위하여

5. 국가의 위정자들을 위하여

6. 북한의 교회와 동포들을 위하여

7. 내 가정과 자녀들의 신앙을 위하여

8. 외국에서 사역하는 선교사들을 위하여

9. 개척 교회와 농어촌 교회와 목회자들을 위하여

10. 헐벗고 굶주린 이웃을 위하여

11. 다문화 가정과 자녀들을 위하여

기도의 불을 붙이라! 기도의 내용을 찾으라 _ C. H. 스펄전

믿음은 행동이다

성경읽기 _ 마가복음 5:25-34

신앙은 들음에서 나며 생각과 행동을 낳는다. 생각이 움직이면 행동(action)으로 이어진다. 그래서 믿음은 모험을 한다. 열두 해를 혈루증으로 고생하던 여인이 많은 괴로움으로 있는 것을 다 허비하고 낙심 중에 있을 때 복음을 들었다. 그리고 나서서 행동을 했다. 복음을 사실로 믿고 행동하는 것이 믿음이다. 예수의 소문이 복음이다. 우리는 예수님에 대한 지식을 가지고 있다. 그가 누구시라는 지식을 가지고 있다. 그런데 그 지식이 나를 움직이지 못한다면 그것은 믿음이 없는 것이다. 이 여인이 복음을 듣자 그녀의 마음에 믿음이 생긴 것이다. 이 믿음이 예수님을 찾게 하였고 그분의 옷자락에 손을 대게 한 것이다. 누구와 의논한 것도 아니고 그녀는 오직 한 가지 믿음을 가지고 예수님의 옷에 손을 대었다. 우리에게 필요한 것은 이론이나 지식이 아니다. 믿음에 대한 모험이며 액션이다. 수많은 무리들이 예수님과 접촉했다. 그러나 믿음을 가지고 만진 자는 오직 한 사람뿐이다. 문제를 가진 여인, 고통 중에서 사모하는 믿음을 실천한 여인에게 기적이 일어난 것이다. 구원을 이루는 믿음, 역사를 만드는 믿음, 예수 그리스도가 구주이심을 사실로 믿고 그대로 행하는 자에게 구원의 역사가 일어난다.

"예수 그리스도는 어제나 오늘이나 영원토록 동일하시니라"

(히 13: 8)

기독교의 역사는 중지되었는가? 이론과 행사와 보이는 화려함은 있는데, 여전히 혈루병으로 사람들은 죽어간다. 이들 중에도 역사의 주인공은 있을 것이다. 질병으로 고통당하며 있는 것을 다 허비하고 괴로운 중에 있는 자들이 교회에 찾아오고 있다.

📖 경건의 묵상

. . . .

1. 예수님을 아는 지식은 얼마나 있는가?

2. 나에게 절박한 현실을 뛰어넘는 예수님께 대한 믿음이 있는가?

3. 자신있게 구원의 손길이 필요한 이웃에게 예수님을 담대하게 전할 믿음이 있는가?

4. 혹 군중의 한 사람으로 예수님을 따르고 있지는 않은가?

🎵 찬송가 339장 세 번 이상 부르기
✋ 30분 이상 기도하기

. . . .

1. 오늘 경건한 신앙의 삶이 되도록

2. 본 교회와 목회자를 위하여

3. 세속화 되어가는 한국교회의 각성을 위하여

4. 주위에 연약한 자, 병든 자의 치유를 위하여

5. 국가의 위정자들을 위하여

6. 북한의 교회와 동포들을 위하여

7. 내 가정과 자녀들의 신앙을 위하여

8. 외국에서 사역하는 선교사들을 위하여

9. 개척 교회와 농어촌 교회와 목회자들을 위하여

10. 헐벗고 굶주린 이웃을 위하여

11. 다문화 가정과 자녀들을 위하여

기도의 불을 붙이라! 기도의 내용을 찾으라 _ C. H. 스펄전

제자로, 사도로

성경읽기 _ 마태복음 10:1-23

우 리는 부르심을 받은 자들이다. 제자로서 예수님을
배우고 따라야 한다. 예수님은 제자들에게 자기를
가르치시고, 또 더러운 귀신을 쫓아내며 모든 병과 모든
약한 것을 고칠 수 있는 권능을 주셨다. 그리고 사도로 세
상에 보내셨다. 그래서 가야 한다. 가면서 복음을, 천국을
전파해야 한다. 병든 자를 고쳐주고 죽은 자를 살리고 나
병환자를 깨끗하게 하며 귀신을 쫓아내주어야 한다. 거저
받은 은혜이니 거저 주어야 한다. 여행을 위하여 준비할
필요가 없다. 사도로서의 사명을 잘 감당하면 마땅히 먹
을 것은 그로 인하여 받게 된다. "너희가 가는 곳은 이리
떼가 있는 곳이다. 뱀같이 지혜롭고 비둘기같이 순결하

라. 제일로 사람을 주의하라. 많은 사람들로부터 박해를 받게 될 것이다. 그러나 염려하지 말라. 성령님께서 함께 하시며 너희를 도우시리라"(마 10:16-20 참조).

우리는 제자로 부르심을 받은 자들이다. 예수님을 배우고 그를 따라 살아야 한다. 그리고 세상으로 나가야 한다. 사도로, 사신으로 예수 그리스도를 보여주어야 한다. 더러운 귀신을 내어 쫓으며 모든 병을 고쳐주며, 모든 약한 것들을 고쳐주어야 한다. 병든 세상을 고치면서 예수님을 보여주어야 한다. 우리가 가는 곳마다 어두움이 사라지고 밝고 명랑한 세상이 되어야 한다. 모든 약한 것들이 사라지고 희망과 용기와 변화가 일어나야 한다. 이것이 복음의 역사요 경건의 역사이다.

📖 경건의 묵상

1. 나는 주님의 제자인가?
2. 교회 생활을 어떻게 하고 있는가?
3. 제자로 부르심 받은 확신이 있는가?
4. 세상에서 내 신앙에 능력이 나타나고 있는가?
5. 우리 주변에 어떤 변화가 있는가?

🎵 찬송가 부르기

• •

찬송가 323장 두 번 이상 부르기

🖐 한 시간 이상 기도하기

• •

1. 오늘 경건한 신앙의 삶이 되도록

2. 본 교회와 목회자를 위하여

3. 세속화 되어가는 한국교회의 각성을 위하여

4. 주위에 연약한 자, 병든 자의 치유를 위하여

5. 국가의 위정자들을 위하여

6. 북한의 교회와 동포들을 위하여

7. 내 가정과 자녀들의 신앙을 위하여

8. 외국에서 사역하는 선교사들을 위하여

9. 개척 교회와 농어촌 교회와 목회자들을 위하여

10. 헐벗고 굶주린 이웃을 위하여

11. 다문화 가정과 자녀들을 위하여

기도의 불을 붙이라! 기도의 내용을 찾으라 _ C. H. 스펄전

광야의 열째 날 말씀묵상

고정관념과 신앙

성경읽기 _ 마태복음 12:1-21

신 앙은 고정관념을 버리는 것이다. 바리새인들은 오
래전부터 지켜오던 전통과 유전을 깨지 못했다.
오래된 교회, 오랜 신앙생활 한 사람들이 대개 과거부터
지켜오던 예배의 형식이나 교회의 전통이나 유전을 신앙
처럼 생각하고 거기에 매인 채 지켜오고 있다. 이것이 오
늘날 '바리새주의' 신앙이다. 구원과 상관없고 별로 중요
하지 아니한 형식과 전통 그리고 교회 규칙이나 헌법 문구
에 매여서 하나님의 뜻을 외면하는 경우가 많이 있다.

주일예배드리는 것도 성령의 감동이나 말씀선포보다는
형식과 의식에 매여서 예배의 감격이나 기쁨과 감사가 없
는 예배를 드리고 있다. 틀에 매이고 시간에 매이고 복음

의 진리와 감동이 없는 예배의 형식 속에서 의미를 잃어버린 채 성령의 역사가 없는 예배를 드리고 있는 것이다.

현대의 교회들이 너무 시대적 문화에 민감하게 반응하며 인본주의에 매력을 느끼는 것처럼 보인다. 성도들도 성도라기보다는 종교인으로, 종교 생활의 틀에 갇혀 스스로 그것이 신앙인줄 착각하고 만족하는 모습을 본다. 단연코 이것은 하나님의 뜻과 거리가 멀다. 예수님 당시 바리새인들은 안식일 준수의 철저한 전통 때문에 예수님을 받아들이지 못했다. 심지어 안식일에 병자를 고치고 선한 일을 하는 것도 죄라고 단정해버렸다.

현재 교회의 모습은 어떤가! 가시적인 교회라는 공동체를 세워 나가기 위하여 하나님이 원하시는 자비를 어떻게 나타내고 있나?

"나는 자비를 원하고 제사를 원하지 아니하노라 하신 뜻을 너희가 알았더라면 무죄한 자를 정죄하지 아니하였으리라"(마 12:7)
"상한 갈대를 꺾지 아니하며 꺼져가는 심지를 끄지 아니하기를 심판하여 이길 때까지 하리니"(마 12: 20)

하나님의 뜻보다, 영혼의 가치보다 눈에 보이는 가치에

매력을 느끼고, 보암직한 선악과를 임의로 따먹으며 전통적 교리에 만족을 누리고 있지는 않은가? 그리스도의 몸인 교회가 주일예배라는 안식일의 유전과 전통에 만족하고 예수 그리스도가 없는 신앙생활에 안주하고 있다.

📖 경건의 묵상

· ·

1. 주일 예배를 드리고 교회 공동체가 원하는 일을 충실하게 하는 것으로 내 신앙에 만족하고 있는가?

2. 신앙의 본질에 대하여 묵상해 보았는가?

3. 마음속에서부터 긍휼과 자비가 우러나고 있는가?

4. 어떤 모습으로 긍휼(사랑 구제)을 실천해 보았는가?

5. 내 신앙생활이 종교의 틀에 매여 있지는 않은가?

🎵 찬송가 부르기

· ·

찬송가 292장 두 번 이상 부르기

✦ 한 시간 기도하기

. . . .

1. 오늘 경건한 신앙의 삶이 되도록

2. 본 교회와 목회자를 위하여

3. 세속화 되어가는 한국교회의 각성을 위하여

4. 주위에 연약한 자, 병든 자의 치유를 위하여

5. 국가의 위정자들을 위하여

6. 북한의 교회와 동포들을 위하여

7. 내 가정과 자녀들의 신앙을 위하여

8. 외국에서 사역하는 선교사들을 위하여

9. 개척 교회와 농어촌 교회와 목회자들을 위하여

10. 헐벗고 굶주린 이웃을 위하여

11. 다문화 가정과 자녀들을 위하여

기도의 불을 붙이라! 기도의 내용을 찾으라 _ C. H. 스펄전

결실하는 신앙

성경읽기 _ 마태복음 13:1-9

씨는 생명이다. 예수님은 천국의 말씀을 씨라고 하셨다. 이 말씀은 씨가 되어 모든 사람들에게 뿌려진다. 그런데 사람마다 받아들이는 것은 다르다. 어떤 사람은 길가와 같이 굳어진 마음으로 감정조차 없는가 하면, 어떤 사람은 일시적인 감정으로 받아들이나 숨겨진 상처나 고정관념 또는 의심과 회의로 뿌리를 내리지 못한다. 또 어떤 사람은 말씀에 감동을 받고 신앙으로 들어오려다 보니 물질의 유혹과 세상 즐거움과 숨겨진 사생활이 염려가 되어 포기하기도 한다.

중간에 신앙을 버리는 경우를 보면, 세상의 문화와 전통 그리고 육신의 자유로운 즐거움을 떨쳐버리지 못하기 때문이다.

하나님의 말씀을 온전히 믿는 것이 사는 길이요, 진리요, 생명이다. 믿음으로 생명을 바쳐 순종하는 사람은 반드시 백배의 결실을 맺게 된다. 말씀은 생명이 있는 씨앗이기 때문이다.

"땅이 그 위에 자주 내리는 비를 흡수하여 밭 가는 자들이 쓰기에 합당한 채소를 내면 하나님께 복을 받고 만일 가시와 엉겅퀴를 내면 버림을 당하고 저주함에 가까워 그 마지막은 불사름이 되리라" (히 6:7-8)

우리는 매일 예배와 말씀으로 때를 따라 단비의 은혜를 받고 산다. 그런데 이 말씀이 내 인생에, 내 신앙에 복이 되고 있는가? 자신과 가정과 자녀들에게 어떤 열매를 보이고 있는가? 결실 없는, 열매 없는 신앙은 마지막에 심판으로 불행해진다.

말씀이 내 생활에 열매를 맺고 있는가? 또한 가정과 사회에서 경건으로 덕을 세우고 있는가?

📖 경건의 묵상

1. 우리는 얼마나 말씀을 많이 알고 있는가, 지식으로만 아는 것은 아닌가?

2. 말씀이 마음을 감동시킨 일이 있는가?

3. 감동이 되어 몸부림치던 말씀이 내 생활에 어떻게 적용되고 있는가?

4. 말씀이 우리 생활에 항상 새롭게 적용되고 있는가?

5. 자녀들에게 말씀의 결실을 보여줄 수 있는가?

🎵 찬송가 200장 세 번 이상 부르기
✋ 한 시간 기도하기

1. 오늘 경건한 신앙의 삶이 되도록

2. 본 교회와 목회자를 위하여

3. 세속화 되어가는 한국교회의 각성을 위하여

4. 주위에 연약한 자, 병든 자의 치유를 위하여

5. 국가의 위정자들을 위하여

6. 북한의 교회와 동포들을 위하여

7. 내 가정과 자녀들의 신앙을 위하여

8. 외국에서 사역하는 선교사들을 위하여

9. 개척 교회와 농어촌 교회와 목회자들을 위하여

10. 헐벗고 굶주린 이웃을 위하여

11. 다문화 가정과 자녀들을 위하여

기도의 불을 붙이라! 기도의 내용을 찾으라 _ C. H. 스펄전

개들도 부스러기를 먹나이다

성경읽기 _ 마태복음 15:21-28

믿음의 여정이 평탄하지만은 않다. 때로는 우리의 연단을 위해 시련의 터널을 통과할 때도 있다. 그 기간이 길 수도 있다. 그것이 인간 관계, 물질 관계 또는 질병의 고통일 수도 있다. 그래서 베드로는 "너희를 연단하려고 오는 불 시험을 이상한 일 당하는 것 같이 이상히 여기지 말고 오히려 너희가 그리스도의 고난에 참여하는 것으로 즐거워하라"(벧전 4:12-13) 하였고, 또 말씀하시기를 "사람이 감당할 시험 밖에는 너희가 당한 것이 없나니"(고전 10:13)라고 하신 것이다. 그러므로 성령님의 도우심으로 이길 수 있다. 이런 장애물을 극복하는 것이 믿음의 경건이다.

여기 가나안 여인의 믿음의 여정을 보라! 그녀의 간절하고 절박한 소원을 가로막는 장애물은 그녀가 "이방인"이라는 것이다. 예수님께서는 그녀에게까지 은혜를 내릴 수 없었다. 개들과 같은 이방인에게 동일한 은혜를 베풀 수 없었다. 예수님께서는 실망하고 낙심하며 원망과 슬픔을 안고서 돌아가야 할 그 여인을 보시고 그냥 돌아 설 수 없었다. "주여 옳습니다 저는 개같은 여자입니다. 이방인입니다. 그러나 주님! 개들도 주인의 상에서 떨어지는 부스러기를 먹습니다." 이것이 믿음이고 영성이고 경건이다. 예수님은 그녀의 고백 앞에 이렇게 구원을 선포하셨다.

"… 여자여 네 믿음이 크도다 네 소원대로 되리라 …" (마 15:28)

지금 우리에게 필요한 믿음은 이러한 경건의 영성이다. 오직 한 가지 예수 그리스도 한 분이면 되는 믿음! 예수님은 우리의 이와 같은 절망의 문제를 해결하러 오신 메시야이시다. 이것이 사실이요, 진리이다.

📖 경건의 묵상

1. 우리는 믿음으로 만사형통의 길을 갈 수 있다고 생각하고 있나?

2. 나에게 잊을 수 없었던 시련이 있었나?

3. 가나안 여인과 같이 절박한 상황에서 외면당했다면 어떠했을까?

4. 신앙생활의 장애물에 대해 어떤 생각을 갖게 되었는가?

🎵 찬송가 254장 세 번 이상 부르기
🙏 한 시간 기도하기

1. 오늘 경건한 신앙의 삶이 되도록

2. 본 교회와 목회자를 위하여

3. 세속화 되어가는 한국교회의 각성을 위하여

4. 주위에 연약한 자, 병든 자의 치유를 위하여

5. 국가의 위정자들을 위하여

6. 북한의 교회와 동포들을 위하여

7. 내 가정과 자녀들의 신앙을 위하여

8. 외국에서 사역하는 선교사들을 위하여

9. 개척 교회와 농어촌 교회와 목회자들을 위하여

10. 헐벗고 굶주린 이웃을 위하여

11. 다문화 가정과 자녀들을 위하여

기도의 불을 붙이라! 기도의 내용을 찾으라 _ C. H. 스펄전

문화와 신앙생활

성경읽기 _ 마태복음 16:5-12 ; 에베소서 4:20-24

우 리는 시대적인 문화 속에 항상 살아가고 있다. 인간들이 사는 곳에는 역사가 있고 고유의 문화가 있다. 그리스도인들도 하나님의 말씀과 믿음으로 만들어가는 영적인 경건의 문화가 있다. 문화는 바람처럼 쉽고 빠르게 번져가게 마련이다. 현대 젊은이들의 문화나 전통문화는 기독교 신앙에 역행을 하고 있다. 왜냐하면 세상 문화는 공중 권세를 잡은 사탄의 것으로, 인간에게 타락의 원인을 제공해주는 역할을 하기 때문이다.

　예수님 당시 신앙인으로 자처하는 바리새인들도 종교적인 전통문화가 있었다. 그래서 예수님의 제자들에게 고민거리가 되었다. 하나님의 도를 따라야 하는데 당시 유대인들의 랍비라 지칭하는 바리새인들의 교훈은 기독교 신앙과는 거리가 멀었기 때문이다. 그런데 언제나 잘못된 문화는 누룩처럼 번져가곤 한다. 신앙은 구별된 삶이다. 그래서 대적과 박해를 받았다. 그러나 성경은 과거의 구습과 문화를 벗어버리라고 한다. 우리가 배운대로 예수님의 삶을 살라고 하신다. 문화의 유혹을 따라 살지 말고, 구습을 좇아 살던 옛 사람을 벗어버리고 오직 심령으로 새롭게 되어 하나님을 따라 의와 진리의 거룩함으로 새로운 인생을 살라(엡 4:22-24)고 하신다.

과거의 세상 문화는 버리고 경건의 거룩한 삶을 살아야 한다. 생각과 언어, 그리고 행동에서 새로운 모습으로 살아가는 것이 신앙의 경건이다.

📖 경건의 묵상

∙∙

1. 어느 때 세상 문화에 가장 매력을 느껴보았나?

2. 세속적인 문화가 우리에게 스며들 때 어떤 모양으로 오는가?

3. 지금 우리의 신앙은 세상 문화와 어떤 관계에 있는가?

4. 지금 우리 교회는 시대적인 문화의 영향을 얼마나 받고 있는가?

5. 교회 내에 침투해있는 문화에 대하여 고민해 본 적이 있는가?

♬ 찬송가 부르기

찬송가 502장 세 번 이상 부르기

♨ 한 시간 기도하기

1. 오늘 경건한 신앙의 삶이 되도록

2. 본 교회와 목회자를 위하여

3. 세속화 되어가는 한국교회의 각성을 위하여

4. 주위에 연약한 자, 병든 자의 치유를 위하여

5. 국가의 위정자들을 위하여

6. 북한의 교회와 동포들을 위하여

7. 내 가정과 자녀들의 신앙을 위하여

8. 외국에서 사역하는 선교사들을 위하여

9. 개척 교회와 농어촌 교회와 목회자들을 위하여

10. 헐벗고 굶주린 이웃을 위하여

11. 다문화 가정과 자녀들을 위하여

기도의 불을 붙이라! 기도의 내용을 찾으라 _ C. H. 스펄전

신앙과 예배

성경읽기 _ 요한복음 4:23-24 ; 로마서 12:1-2

예 배란 무엇인가? 예배란 자신을 드려 하나님을 영화롭게 하는 행위이다. 시간과 장소가 정해진 것도 아니고 의식과 형식에 국한된 것도 아니다. 예수님은 사마리아 여인에게 "이 산에서도 경배하지 말고 예루살렘에서도 경배하지 말라"고 하셨다. 예배란 어떤 장소에 매여 있는 것이 아니다. 전통적으로 내려오는 형식과 의식이 아니라 "영과 진리로 아버지께 참으로 예배할 때가 오나니" 하나님은 이렇게 예배하는 자들을 찾으신다는 것이다. 그렇다. 예수님이 오심으로 성전 중심의 제사는 없어졌다. 이제는 임마누엘의 신앙으로 언제 어디서나 하나님을 예배하는 신앙이 생활과 함께 이루어지게 되었다.

하나님께서는 바울 사도를 통하여 영적으로 드리는 산 예배, 하나님이 받으시는 예배를 드리라 하셨다.

"그러므로 형제들아 내가 하나님의 모든 자비하심으로 너희를 권하노니 너희 몸을 하나님이 기뻐하시는 거룩한 산 제물로 드리라 이는 너희가 드릴 영적 예배니라"(롬 12:1-2)

여기서 "너희 몸을 하나님이 기뻐하시는 거룩한 산 제물로 드리라"는 말씀은 거룩한 제물로서 예배를 드리라는 말씀이다. 거룩이란 곧 구별이다. 우리 몸을 구별하여 하나님께 드림으로써 모든 삶의 영역에서 몸으로, 삶으로 하나님을 영화롭게 하라는 뜻이다.

우리는 예배당 안에서 경건의 예배를 드린다. 하나님을 향한 신령한 마음과 자세를 가지고 가정과 사회가 하나된 예배를 드려야 한다. 신앙과 생활은 하나이다. 신앙과 생활이 구분되는 것은 기독교 신앙이 아니다. 신앙의 경건은 정해진 자리에서 정해진 시간에 경건한 모습으로 예배드리는 것이 아니다. 이는 자칫 종교적 위선이 될 수 있다.

우리는 요한복음 4장 21절에서 예수님이 하신 말씀, "이 산에서도 말고 예루살렘에서도 말라"고 하신 깊은 뜻을 이해해야 한다. 우리 모두 하나님이 기뻐 받으시는 거룩함으로 자신을 드려 산 제사로 하나님을 예배하는 자가 되자.

📖 경건의 묵상

1. 신앙생활과 예배 행위에 대해 깊이 생각을 해 보았는가?

2. 공적 예배에서 받은 은혜가 내 생활 속에 어떤 변화를 가져 왔는가?

3. 공적 예배에서 나는 그 예배를 실상의 믿음으로 드렸는가?

4. 영과 진리의 예배 산 예배를 위해 무엇을 했는가?

5. 하나님을 영화롭게 한다는 것은 어떤 의미인가?

♪ 찬송가 327장 세 번 이상 부르기
✋ 한 시간 기도하기

1. 오늘 경건한 신앙의 삶이 되도록

2. 본 교회와 목회자를 위하여

3. 세속화 되어가는 한국교회의 각성을 위하여

4. 주위에 연약한 자, 병든 자의 치유를 위하여

5. 국가의 위정자들을 위하여

6. 북한의 교회와 동포들을 위하여

7. 내 가정과 자녀들의 신앙을 위하여

8. 외국에서 사역하는 선교사들을 위하여

9. 개척 교회와 농어촌 교회와 목회자들을 위하여

10. 헐벗고 굶주린 이웃을 위하여

11. 다문화 가정과 자녀들을 위하여

기도의 불을 붙이라! 기도의 내용을 찾으라 _ C. H. 스펄전

광야의 열다섯째 날 말씀묵상

신앙과 유전과 전통

성경읽기 _ 마태복음 15:1-20

국가나 사회나 종교단체의 역사가 깊어지면서 자연스럽게 만들어지는 전통이 있다. 우리 기독교인들도 마찬가지로 유전적으로 내려오는 전통이 신앙생활과 대치되는 경우가 있다. 대개의 경우 전통은 사람들의 생활습관이나 공동체의 유지를 위하여 만들어진 것이다. 그런데 사회에서는 특히 종교적 전통의 경우, 그 전통을 신앙의 교리(도그마, dogma)처럼 지키는 경우를 보게 된다. 신앙은 역사적 산물로 내려오는 유전이나 전통이 아니다. 하나님과 우리 사이에 주신 언약(covenant)이며, 말씀으로 주신 약속이다. 신앙은 이 언약을 믿음으로 지키는 것이다. 세상의 유전이나 전통에서 벗어나야 한다.

예수님 당시 가장 신앙인으로 자처한 바리새인들은 조상들로부터 내려오는 전통을 도그마처럼 믿음으로 지키고 그것을 지키지 못하는 자들을 정죄하였으며, 하나님의 언약인 말씀보다 더 소중하게 가르치고 백성들로 지키게 하여 신앙의 본질을 잊어버리게 하였다. 예수님은 이사야 선지자의 예언을 그들에게 적용하셨다.

　"주께서 이르시되 이 백성이 입으로는 나를 가까이 하며 입술로는 나를 공경하나 그들의 마음은 내게서 멀리 떠났나니 그들이 나를 경외함은 사람의 계명으로 가르침을 받았을 뿐이라"

(사 29:13)

　신앙의 경건은 밖으로 나타나는 행위가 아니다. 예수님은 깨닫지 못하는 이들을 위하여 말씀하셨다.

　"입으로 들어가는 모든 것은 배로 들어가서 뒤로 내버려지는 줄 알지 못하느냐 입에서 나오는 것들은 마음에서 나오나니 이것이야말로 사람을 더럽게 하느니라 마음에서 나오는 것은 악한 생각과 살인과 간음과 음란과 도둑질과 거짓 증언과 비방이니 이런 것들이 사람을 더럽게 하는 것이요 씻지 않은 손으로 먹는

것은 사람을 더럽게 하지 못하느니라."(마 15:17-20)

　　우리의 마음이 성령으로 충만하게 되면 성령으로 말미암아 사랑과 희락과 화평과 자비와 양선과 충성과 온유와 오래 참음과 절제의 생활이 자연스럽게 밖으로 나와서 모두에게 덕을 세우는 것이다. 이것이 신앙의 경건이다.

📖 경건의 묵상

1. 우리는 사람에게 보이려고 어떠한 신앙행위를 하였는가?
2. 교회 일을 깊이 생각하지 못하고 나의 열심으로 하지 않았는가?
3. 교회를 세워간다는 명목으로 이웃에게 상처를 주지는 않았는가?
4. 우리는 쉽게 교회법으로 이웃을 비판 혹은 평가하지 않았는가?
5. 체면 때문에 전통과 유전을 억지로 지키고 있는 것은 아닌가?

🎵 찬송가 부르기

찬송가 268장 세 번 이상 부르기

✋ 한 시간 기도하기

· ·

1. 오늘 경건한 신앙의 삶이 되도록

2. 본 교회와 목회자를 위하여

3. 세속화 되어가는 한국교회의 각성을 위하여

4. 주위에 연약한 자, 병든 자의 치유를 위하여

5. 국가의 위정자들을 위하여

6. 북한의 교회와 동포들을 위하여

7. 내 가정과 자녀들의 신앙을 위하여

8. 외국에서 사역하는 선교사들을 위하여

9. 개척 교회와 농어촌 교회와 목회자들을 위하여

10. 헐벗고 굶주린 이웃을 위하여

11. 다문화 가정과 자녀들을 위하여

기도의 불을 붙이라! 기도의 내용을 찾으라 _ C. H. 스펄전

신앙과 성령의 은사

성경읽기 _ 고린도전서 12:4-12

신앙은 성령의 임재와 함께 영적 생활이 이루어지는 것이다. 성령은 여러 가지 은사로 각 사람에게 나타나게 되는데 "각 사람을 유익하게 하려 하심이라" 하였다. 성령은 같은데 나타나는 은사는 사역을 위하여 여러 가지로 나타난다. 어떤 사람에게는 성령으로 말미암아 지혜의 말씀을, 어떤 사람에게는 같은 성령으로 지식의 말씀을 그래서 말씀 전하는 사역, 복음 전하는 사역을 하게 하시고, 또 다른 사람에게는 믿음을, 어떤 사람에게는 한 성령으로 병 고치는 은사를, 어떤 사람에게는 예언함을, 영들 분별함을, 다른 사람에게는 각종 방언 말함을, 어떤 이에게는 방언 통역함을 주시는데, 이 모든 일은 같은 한 성령께서 행하사 그 뜻대로 각 사람에게 나누어주시는 것이다. 그런데 오늘날에는 성령의 은사가 나타나지 않는 것을 이상히 여기는 사람이 없다. 어쩌면 성령의 은사를 필요로 하지 않는 시대에 우리가 사는지 모른다.

그리스도의 몸 된 교회가 세워지려면 각각의 은사가 한 몸의 지체처럼 유기적인 활약을 해야 한다. 교회의 속성상 지금도 이런 성령의 은사가 필요함은 당연하다. 성령의 임재와 함께 이를 체험하는 기쁨과 감사, 그리고 삶의 변화의 신령한 표시로 은사가 나타남은 초대교회나 말세 교회가 하나임을 보여주는 현상들이다. 각 사람에 따라 성령의 은사가 나타나는 영적인 신앙의 모습이 아쉽다. 초대교회는 성령의 임재를 체험함으로 교회들이 이루어지고 성장했음을 보게 된다.

현재 교회의 이론과 철학과 목회 계획들이 하나님의 뜻인지, 성령의 감동으로 주신 비전인지 다시 점검해보자. 방법도 형식도 중요하지 않았던, 오직 성령의 나타나심만이 존재했던 교회가 역사와 함께 조직과 성장과 확장의 풍요에만 물들어가는 것은 아닌지 우려된다.

성령의 은사는 지혜롭게 덕을 세우고 섬김의 사역이 될 때 은사의 경건이 나타나게 됨을 유의하자.

📖 경건의 묵상

1. 우리가 말씀을 듣고 신앙을 고백할 때에 성령의 임재를 경험했는가?

2. 성령의 임재와 함께 나타난 변화는 무엇이었나?

3. 우리에게 주신 성령의 은사는 무엇인가?

4. 은사를 어떻게 활용하고 있는가?

5. 우리는 나에게 주신 은사로 교회의 어떤 부분을 섬기고 있나?

6. 사람들과 교회에 덕을 세우고 있는가?

7. 나의 은사와 열심 때문에 상처받은 사람은 없는가?

🎵 찬송가 부르기

찬송가 327장 세 번 이상 부르기

✋ 한 시간 기도하기

1. 오늘 경건한 신앙의 삶이 되도록

2. 본 교회와 목회자를 위하여

3. 세속화 되어가는 한국교회의 각성을 위하여

4. 주위에 연약한 자, 병든 자의 치유를 위하여

5. 국가의 위정자들을 위하여

6. 북한의 교회와 동포들을 위하여

7. 내 가정과 자녀들의 신앙을 위하여

8. 외국에서 사역하는 선교사들을 위하여

9. 개척 교회와 농어촌 교회와 목회자들을 위하여

10. 헐벗고 굶주린 이웃을 위하여

11. 다문화 가정과 자녀들을 위하여

기도의 불을 붙이라! 기도의 내용을 찾으라 _ C. H. 스펄전

신앙과 교회생활

성경읽기 _ 로마서 12:3-13

신앙은 교회생활을 통해 형성되고 또 성숙해지면서 아름다운 교회를 세워가는 것이다. 다양한 종류의 사람들이 예수 그리스도를 믿는 믿음으로 하나의 공동체인 그리스도의 몸을 세워가는 것이 교회이다. 그래서 은혜로운 교회생활이 곧 신앙의 성공으로 이어지게 된다. 여러 사람이 하나의 육체처럼 그리스도의 몸을 세워가야 하는 것이 신앙이요 교회생활이다. 오직 하나님께서 각 사람에게 나누어 주신 믿음의 분량대로 지혜롭게 생각해야 한다. 그러나 사람마다 생각이 달라 자기 생각대로 판단하고 주장하며 일을 하면 한 몸인 교회, 즉 그리스도의 몸은 세워지지 못한다. 지상의 교회들이 사람들의 생각대로 보이는 교회에 관심이 많다 보니, 교회가 본질인 '그리스도의 몸'이 아닌 '사람들의 집단'으로 전락되어가고 있다. 우리는 우리에게 주신 은혜대로, 받은 은사대로 예수 그리스도의 한 몸인 교회를 함께 세워 나가야 한다.

"우리에게 주신 은혜대로 받은 은사가 각각 다르니 혹 예언이면 믿음의 분수대로, 혹 섬기는 일이면 섬기는 일로, 혹 가르치는 자면 가르치는 일로, 혹 위로하는 자면 위로하는 일로, 구제하는 자는 성실함으로, 다스리는 자는 부지런함으로, 긍휼을 베푸는 자는 즐거움으로 할 것이니라. 사랑에는 거짓이 없나니 악을 미워하고 선에 속하라. 형제를 사랑하여 서로 우애하고 존경하기를 서로 먼저 하며 부지런하여 게으르지 말고 열심을 품고 주를 섬기라 소망 중에 즐거워하며 환난 중에 참으며 기도에 항상 힘쓰며 성도들의 쓸 것을 공급하며 손 대접하기를 힘쓰라."(롬 12:6-13)

예수님은 마가복음 10장 45절에서 말씀하셨다. "인자가 온 것은 섬김을 받으려 함이 아니요 도리어 섬기려 하고 자기 목숨을 많은 사람의 대속물로 주려 함이라." 이것이 신앙과 교회생활, 그리고 사회에서 세워가는 경건한 교회의 모습이다.

📖 경건의 묵상

1. 교회생활에서 내 생각을 이루기 위해 얼마나 노력했나?

2. 우리는 내 생각이 내 자존심이라 생각하지 않았나?

3. 내게 주신 믿음의 분량이란 무엇인가?

4. 우리가 옳다고 생각한 것이 성경적이었나, 하나님 뜻이었나?

5. 우리는 기도보다, 성경보다 내 생각이 먼저 앞서지 않았나?

🎵 찬송가 425 장 세 번 이상 부르기
✋ 한 시간 기도하기

1. 오늘 경건한 신앙의 삶이 되도록

2. 본 교회와 목회자를 위하여

3. 세속화 되어가는 한국교회의 각성을 위하여

4. 주위에 연약한 자, 병든 자의 치유를 위하여

5. 국가의 위정자들을 위하여

6. 북한의 교회와 동포들을 위하여

7. 내 가정과 자녀들의 신앙을 위하여

8. 외국에서 사역하는 선교사들을 위하여

9. 개척 교회와 농어촌 교회와 목회자들을 위하여

10. 헐벗고 굶주린 이웃을 위하여

11. 다문화 가정과 자녀들을 위하여

기도의 불을 붙이라! 기도의 내용을 찾으라 _ C. H. 스펄전

신앙고백과 신앙

성경읽기 _ 마태복음 16:13-28

우 리는 사도신경으로 신앙을 고백한다. 고백은 우리 마음속의 진실을 솔직하게 표현하는 것이다. 신앙 고백은 하나님 앞에서 믿음을 고백하는 경건한 행위이다. 예수님도 제자들에게 자신에 대한 고백을 원하셨다. 시몬 베드로는 용감하게 "주는 그리스도시요, 살아계신 하나님 의 아들이시니이다" 고백하였다. 이것은 베드로의 이성이 아니라 하나님의 감동으로 알게 하신 것이다. 예수님은 베드로에게 천국 열쇠를 주시고 이 고백 위에 교회를 세 우셨다.

　신앙고백은 그것이 거짓없고 진실할 때, 신앙의 약속된 은혜와 복을 받게 되는 것이다. 진실한 신앙고백은 입으로만 하는 것이 아니다. 먼저 마음에서 이루어지고 입으로 고백하는 것이다. 또한 이 고백이 진실이 되려면 그 내용이 삶에서 먼저 이루어져야 한다. 감정에 의해 입술로는 마음에서 우러나올 수 있다. 그러나 생활에서 고백이 이루어지지 않는다면 그것은 헛된 고백이요, 위선이라는 무서운 죄가 된다. 예수님은 예수님을 시인하고 고백한 제자들에게 이와같이 말씀하셨다.

"… 누구든지 나를 따라오려거든 자기를 부인하고 자기 십자가를 지고 나를 따를 것이니라. 또 자기 십자가를 지고 나를 따르지 않는 자도 내게 합당하지 아니하니라." (마 16:24, 마 10:38)

우리는 매 주일 공예배라는 형식을 통하여 사도신경으로 신앙고백을 한다. 그런데 그 내용을 깊이 묵상하고 있는가? "전능하사 천지를 만드신 하나님 아버지를 내가 믿사오며"라고 고백할 때, 과연 그 고백대로 이루어진 사실과 장차 이루어질 사건에 대하여 고백한 만큼 부활의 소망과 영원한 하나님의 후사에 대한 열망으로 오늘을 살아가고 있는가? 내면의 경건은 안에서 밖으로 아름다운 열매를 맺는다.

📖 경건의 묵상

1. 우리는 사도신경의 내용을 깊이 이해해 보았는가?

2. 우리를 향하신 하나님의 역사에 대하여 사실로 믿어지는가?

3. 공교회의 거룩성을 어떻게 이해하는가?

4. 성령의 역사가 내 안에 있음을 체험하고 있는가?

5. 우리는 자신의 죽음과 부활을 그리고 영생과 천국을 믿는가?

🎵 찬송가 542 장 세 번 이상 부르기
🙌 한 시간 기도하기

1. 오늘 경건한 신앙의 삶이 되도록

2. 본 교회와 목회자를 위하여

3. 세속화 되어가는 한국교회의 각성을 위하여

4. 주위에 연약한 자, 병든 자의 치유를 위하여

5. 국가의 위정자들을 위하여

6. 북한의 교회와 동포들을 위하여

7. 내 가정과 자녀들의 신앙을 위하여

8. 외국에서 사역하는 선교사들을 위하여

9. 개척 교회와 농어촌 교회와 목회자들을 위하여

10. 헐벗고 굶주린 이웃을 위하여

11. 다문화 가정과 자녀들을 위하여

기도의 불을 붙이라! 기도의 내용을 찾으라 _ C. H. 스펄전

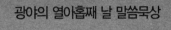

광야의 열아홉째 날 말씀묵상

누구의 죄인가

성경읽기 _ 요한복음 9:1-12

사람마다 주어진 환경과 조건이 다를 수 있다. 태어나면서부터 좋은 부모를 만나 부요한 조건에서 시작하는 인생도 있고, 불행한 여건에서 태어나 불행한 환경에서 사는 인생도 있다. 저마다 주어진 운명이라 할 수 있다. 그런데 이런 것들을 조상이나 본인의 죄로 인한 불행으로 인식하는 것이 사람들의 통상적 생각이다. 어떤 환경에 존재하든 인간은 인간으로서 귀한 존재인데 사람들의 편견에 의해 판단하게 되는 것뿐이다.

예수님 당시, 나면서부터 소경된 사람에 대하여 사람들은 생각하기를 그 사람의 불행은 누군가의 죄 때문에 주어진 불행이라고 생각했다. 그러나 예수님은 이 불행이 더 좋은 축복을 가져오기 위한 계기가 된다고 하셨다. "이 사람 자신의 죄도 아니고 부모의 죄도 아니다. 그에게서 하나님이 하시는 일을 나타내고자 하심이다. 이것은 신앙의 위대한 역사를 위해 주어진 것이다."

환경을 바라보지 말고 지금도 우리를 사랑하시는 하나님의 역사를 바라보아야 한다. 지금의 불행이, 지금의 실패가 더 나은 미래를 준비하시는 하나님의 계획 속에 있다. 강영우 박사는 시각장애인으로 신앙에 성공한 인생이 되었다. 신앙인은 환경을 탓하고 누구를 원망하고 불행을 전가하는 사람들이 아니다. 그 속에서 우리를 위하여 역사하시는 하나님의 사랑을 바라보는 경건의 신앙을 가진 사람들이다.

📖 경건의 묵상

1. 우리가 처해있는 환경 때문에 실망할 때가 있었는가?
2. 우리의 부모나 관계된 이웃을 원망해본 일이 있는가?
3. 우리는 이웃의 불행을 보면서 무엇을 하였는가?

🎵 찬송가 부르기

찬송가 405장 세 번 이상 부르기

✋ 한 시간 기도하기

1. 오늘 경건한 신앙의 삶이 되도록

2. 본 교회와 목회자를 위하여

3. 세속화 되어가는 한국교회의 각성을 위하여

4. 주위에 연약한 자, 병든 자의 치유를 위하여

5. 국가의 위정자들을 위하여

6. 북한의 교회와 동포들을 위하여

7. 내 가정과 자녀들의 신앙을 위하여

8. 외국에서 사역하는 선교사들을 위하여

9. 개척 교회와 농어촌 교회와 목회자들을 위하여

10. 헐벗고 굶주린 이웃을 위하여

11. 다문화 가정과 자녀들을 위하여

기도의 불을 붙이라! 기도의 내용을 찾으라 _ C. H. 스펄전

누가 큰 자인가

성경읽기 _ 마태복음 18:1-10

사람은 누구나 더 크고자 하는 욕망이 있다. 더 높이 더 많이, 더 크게 되고자 하는 욕망은 소유욕과 함께 사람을 움직이는 원동력이 되기도 한다. 주어진 현실에 만족하며 감사로 열심히 살기보다는 더 크게 되기 위하여, 더 많이 가지기 위하여 경쟁하며 스스로 고통스럽게 인생을 산다. 실제 자신의 모습보다 더 귀하고 큰 모습으로 보여지기를 원한다. 이로 인하여 위선과 꾸밈이 있고 상대를 의식하며 사는 것이다. 이것은 욕심에서 나오는 욕망이다.

> **"욕심이 잉태한즉 죄를 낳고 죄가 장성한즉 사망을 낳느니라"**
>
> (약 1:15)

예수님께서는 천국은 높아지기 위하여, 그리고 더 많은 것을 얻기 위하여 경쟁하는 곳이 아니라고 하셨다. 어린아이는 높고 낮음의 개념이 없다. 그리고 소유에 대한 개념도 없다. 배가 고파도 엄마의 젖만 있으면 만족한다. 그래서 "천국에서는 자기를 어린아이같이 낮추는 자가 큰 자"라고 하셨다. 스스로 자기를 낮추는 것이 지혜요 높아지는 비결이다. 예수님도 말씀하시기를 "높아지고자 하면 낮아지고 낮아지고자 하면 높아지며, 얻고자 하면 잃을 것이고 잃고자 하면 얻게 된다"고 하셨다. 사람들은 스스로 높아지고자, 스스로 큰 자가 되기 위하여 모든 수단을 동원한다. 이것이 교만한 인간의 본성이다.

"교만은 패망의 선봉이요 넘어짐의 앞잡이라" 했다.

마음이 교만하면 파멸이 뒤따르지만 겸손하면 영광이 뒤따른다(잠 18:12). 또한 겸손하여 여호와를 경외하는 사람은 부와 명예와 생명을 얻게 된다(잠 22:4).

우리는 사회라는 공동체 안에서 서로를 생각하며 산다. 스스로 자기를 낮추고 양보하는 참된 지혜가 신앙의 경건이다.

📖 경건의 묵상

1. 우리는 자신을 얼마나 과장하며 살아왔는가?

2. 어떤 것에서 남보다 자신이 뛰어나다고 생각하며 살았는가?

3. 우리 자신을 과장하는 이유가 무엇인가?

4. 생각 없이 다른 사람을 평가한 적은 있는가?

🎵 찬송가 279장 세 번 이상 부르기
🙏 한 시간 기도하기

1. 오늘 경건한 신앙의 삶이 되도록

2. 본 교회와 목회자를 위하여

3. 세속화 되어가는 한국교회의 각성을 위하여

4. 주위에 연약한 자, 병든 자의 치유를 위하여

5. 국가의 위정자들을 위하여

6. 북한의 교회와 동포들을 위하여

7. 내 가정과 자녀들의 신앙을 위하여

8. 외국에서 사역하는 선교사들을 위하여

9. 개척 교회와 농어촌 교회와 목회자들을 위하여

10. 헐벗고 굶주린 이웃을 위하여

11. 다문화 가정과 자녀들을 위하여

기도의 불을 붙이라! 기도의 내용을 찾으라 _ C. H. 스펄전

신앙의 때와 시기

성경읽기 _ 로마서 13:11-14

쉬 지 않고 흘러가는 것이 시간이다. 시기와 때를 놓
치면 다시 돌아오지 않는다. 그리고 반드시 때가
있고 시기가 있다.

근자에 미국 예일대학에서 17년 동안 죽음의 인문학 강
의(예일대 셀라케이건 교수)가 인기를 얻고 있는데, 인간들에게
미래는 불확실하다. 그러나 확실한 것은 죽음(death)이라는
것이다. 그렇다. 이 세상은 전도서 3장의 말씀대로 시기
가 있고 때가 있다. 즉 날 때가 있으면 죽을 때가 있다. 우
리 인생도 때와 시기가 있다. 젊을 때 그리고 장년의 때와
노년의 때가 있고, 분명히 죽을 때가 있다. 이것을 알고
때를 따라 살아가는 것이 지혜이다.

우리가 분명히 알 것은 세월이 흘러갈수록 인생의 마지막 때인 죽음이 온다. 그런데 이에 대하여 생각하며 사는 사람은 별로 없다.

"한번 죽는 것은 사람에게 정해진 것이요 그 후에는 심판이 있으리니"(히 9:27)

성경은 죽음의 때와 심판의 때를 밤과 낮으로 비유했다. "밤이 깊고 낮이 가까웠으니 어두움의 일을 벗고 낮에와 같이 단정히 행하라"(롬 13:12-13). 우리는 여기서 영원히 사는 것이 아니다. 반드시 때가 되면 늙을 것이고 죽음을 통하여 천국에 갈 것이다. 그리고 심판이 있을 것이다. 이 사실을 알고 죽음을 준비하며 사는 것이 믿음의 지혜요 경건이다.

🕮 경건의 묵상

1. 우리는 살면서 때가 되면 반드시 죽는다고 생각해 보았나?
2. 내가 하고 있는 모든 일들이 죽은 뒤에 어떤 모습으로 나타날 것인가?
3. 사후에 하나님 앞에서 심판이 있다고 믿는가?
4. 우리는 늙어가며 죽어가고 있다는 사실을 인식하며 사는가?

🎵 찬송가 부르기

. . . .

찬송가 492장, 493장 세 번 이상 부르기

✋ 한 시간 기도하기

. . . .

1. 오늘 경건한 신앙의 삶이 되도록

2. 본 교회와 목회자를 위하여

3. 세속화 되어가는 한국교회의 각성을 위하여

4. 주위에 연약한 자, 병든 자의 치유를 위하여

5. 국가의 위정자들을 위하여

6. 북한의 교회와 동포들을 위하여

7. 내 가정과 자녀들의 신앙을 위하여

8. 외국에서 사역하는 선교사들을 위하여

9. 개척 교회와 농어촌 교회와 목회자들을 위하여

10. 헐벗고 굶주린 이웃을 위하여

11. 다문화 가정과 자녀들을 위하여

기도의 불을 붙이라! 기도의 내용을 찾으라 _ C. H. 스펄전

믿음의 덕을 세우라

성경읽기 _ 로마서 15:1-13

신앙생활은 이타주의자가 되는 것이다. 자신의 유익보다는 우리라는 공동체를 먼저 생각해야 한다. 서로를 세우며 공동체를 세워가는, 모두의 유익이 되는 삶을 사는 것이 신앙생활이다. 오늘 본문도 "믿음이 강한 우리는 마땅히 믿음이 약한 자의 약점을 담당하고 자기를 기쁘게 하는 것이 아니라 이웃을 기쁘게 하되 선을 이루고 덕을 세우라"(롬 15:1-2) 하셨다. 예수님도 이렇게 말씀하셨다.

"인자가 온 것은 섬김을 받으려 함이 아니라 도리어 섬기려 하고 자기 목숨을 많은 사람의 대속물로 주려 함이니라"(막 10:45)

우리는 세상에서 서로 관계를 맺으며 사회라는 공동체를 이루어간다. 그러므로 개인주의적인 사고를 가지고 살아간다면 상대방에게 유익보다는 아픔을 줄 것이다.

예수님이 우리에게 주신 계명은 사랑이다. 사랑을 위하여 인내하고 양보하고 믿어주고 받아주고 위로해주고 격려해주고 소망을 주어 이웃들의 희망과 기쁨이 되고 유익을 줌으로써 우리 안에서 하나님의 사랑이 나타나야 한다. 이는 자신의 희생을 기쁨으로 감당할 때 나타나게 된다. 어려운 이웃을 만났을 때 마음에서 긍휼이 나오고 이웃의 어려움을 함께 할 때 서로가 서로에게 행복을 주는 기반이 되는 것이다. 성경은 이런 것들이 하나님께 영광을 돌리는 것이라 하였다. 우리가 하루하루 일상생활에서 이런 모습으로 이웃의 기쁨이 될 때 신앙의 경건이 이루어지고 우리 자신의 심령에 천국이 이루어진다.

📖 경건의 묵상

1. 내 삶의 중심이 누구인가?

2. 우리의 가정에서 가끔 발생하는 갈등의 원인은 무엇인가?

3. 우리가 속해 있는 공동체에서 문제가 생기는 이유가 무엇인가?

4. 선을 이루고 덕을 세운다는 것이 무엇인가?

🎵 찬송가 부르기

찬송가 218장 세 번 이상 부르기

✋ 한 시간 기도하기

1. 오늘 경건한 신앙의 삶이 되도록

2. 본 교회와 목회자를 위하여

3. 세속화 되어가는 한국교회의 각성을 위하여

4. 주위에 연약한 자, 병든 자의 치유를 위하여

5. 국가의 위정자들을 위하여

6. 북한의 교회와 동포들을 위하여

7. 내 가정과 자녀들의 신앙을 위하여

8. 외국에서 사역하는 선교사들을 위하여

9. 개척 교회와 농어촌 교회와 목회자들을 위하여

10. 헐벗고 굶주린 이웃을 위하여

11. 다문화 가정과 자녀들을 위하여

기도의 불을 붙이라! 기도의 내용을 찾으라 _ C. H. 스펄전

신앙과 가정

성경읽기 _ 마태복음 19:1-6 ; 에베소서 5:22-33

가정은 하나님이 주신 최고의 은총이다. 하나님이 만드신 최초의 기관으로 "하나님이 보시기에 심히 좋았더라" 하셨다. 그래서 사람이 부모를 떠나 아내와 합하여 둘이 하나가 되어 이룬 것이 부부요 가정이 되는 것이다. 이제는 둘이 아니요, 한 몸이요 하나님이 지어주신 짝이다. 에베소서 5장에서는 아내와 남편을 교회로 비유하고, 교회가 주님께 복종하듯 아내는 남편에게 복종하며 남편은 그리스도께서 교회를 사랑하사 자신을 주심같이 아내를 사랑하라고 하셨다. 교회가 그리스도의 몸인 것처럼 부부는 한 몸이므로 "각각 자기 아내 사랑하기를 자신같이 하고 아내도 남편을 존중히 여기라" 하신 것이다. 이렇게 하심은 하나님께서 경건한 자녀를 주시고 아름답고 행복한 가정을 이루게 하시기 위한 하나님의 명령이다.

"… 너와 네가 어려서 맞이한 아내 사이에 여호와께서 증인이 되시기 때문이라 그는 네 짝이요 너와 서약한 아내로되 … 어찌하여 하나만 만드셨느냐 이는 경건한 자손을 얻고자 하심이라 그러므로 네 심령을 삼가 지켜 어려서 맞이한 아내에게 거짓을 행하지 말지니라"(말 2:14-15)

부부 사이에 증인은 하나님이시고 성결한 부부가 되게 하시는 목적은 경건한 자녀를 얻게 하시려는 하나님의 의도이시다.

말라기 2:16에는 이혼하는 것과 학대하는 것을 하나님이 미워하신다고 하셨다. 믿는 우리는 가정을 소중하고 귀한 하나님의 은총으로 여기고 서로 사랑함으로 아름다운 가정을 만들어야 한다. 경건한 자녀는 하나님이 주신 기업이니 축복으로 여기고 주의 말씀으로 잘 양육해야 한다. 그러므로 아름답고 행복한 가정은 신앙의 최고 경건이다.

📖 경건의 묵상

1. 우리는 바깥 생활을 열심히 하느라 가정에 소홀하지는 않았는가?

2. 아내와 남편 사이에 증인이 하나님이라는 것을 알고 있나?

3. 성결한 부부생활의 목적이 경건한 자녀를 얻기 위함인 것을 알고 있었나?

4. 한 몸된 부부에게 서로 어떤 생활이 필요하다고 생각하는가?

5. 가정에서 부부 자녀가 신앙생활이 일치하지 아니할 때 어떻게 해야 할까?

🎵 찬송가 492장, 493장 세 번 이상 부르기
🖐 한 시간 기도하기

1. 오늘 경건한 신앙의 삶이 되도록

2. 본 교회와 목회자를 위하여

3. 세속화 되어가는 한국교회의 각성을 위하여

4. 주위에 연약한 자, 병든 자의 치유를 위하여

5. 국가의 위정자들을 위하여

6. 북한의 교회와 동포들을 위하여

7. 내 가정과 자녀들의 신앙을 위하여

8. 외국에서 사역하는 선교사들을 위하여

9. 개척 교회와 농어촌 교회와 목회자들을 위하여

10. 헐벗고 굶주린 이웃을 위하여

11. 다문화 가정과 자녀들을 위하여

기도의 불을 붙이라! 기도의 내용을 찾으라 _ C. H. 스펄전

무엇을 원하는가

성경읽기 _ 마태복음 20:20-28

사람들이 기독교 신앙을 오해하고 있다. 예수를 믿으면 무엇이든 자기 소원이 다 이루어지는 줄 안다. 그래서 큰 소원을 가지고 목표를 세우고 기도하는 모습을 보게 된다. 이런 사람들은 예수님께서 하신 말씀 "내 이름으로 무엇이든지 내게 구하면 내가 행하리라"(요 14:14) 하신 말씀을 붙잡고 기도한다. 기도를 만사를 해결하는 만능열쇠로 여기는 것이다. 예수님은 우리의 필요에 충분하신 분이시다. 그럼에도 믿는 성도들 그리고 목회자들이 자신이 기도한대로 이루어지지 않아 어려움들을 겪는 것을 보게 된다. 그러나 주님이 가르쳐주신 기도에 좀 더 관심을 둔다면, 기도의 핵심은 하나님의 뜻이 하늘에서 이룬 것

같이 땅에서도 이루어지는 것이다.

예루살렘에 올라가시는 길에 제자들이 무엇을 구하는 모습을 본다. 그러나 주님은 제자들에게 "너희는 너희가 구하는 것을 알지 못하는도다. 내가 마시는 잔을 너희가 마실 수 있으며 내가 받는 세례를 받을 수 있느냐"(막 10:38)라고 물으셨다. 우리가 예수님을 믿고 신앙으로 사는 것은 눈에 보이는 어떤 풍족함을 위한 수단이 아니다. 높아지는 길이 아니고 오히려 낮아지고, 십자가를 지고 주님의 고난에 기쁨으로 동참하는 것이다.

예수님 이름 때문에, 주님을 사랑하는 믿음 때문에 손해를 보고, 가난해지기도 하고, 고난을 자원하기도 하고, 이웃의 고통을 대신 당하기도 하는 것이다. 의사로서의 모든 좋은 조건을 내려놓고, 주신 은사를 가난한 이웃과 함께 나누고자 고난으로 믿음을 지켜나가는 사람들도 있다. 예수님의 제자들도 고난을 받으면서 복음을 전하다 순교로 믿음의 열매를 맺었다.

기독교 신앙은 우리의 안일함 그리고 풍요로운 소원을 위한 것이 아니다. 믿음은 오히려 나를 내려놓고 이웃의 행복과 하나님의 뜻을 위하여 스스로 고난을 기뻐하며 보람으로 사는 것이다. 이것이 숭고한 믿음이며 경건이다.

📖 경건의 묵상

1. 기도를 우리의 소원을 이루는 수단이라고 생각하지 않았나?

2. 말씀대로 살려고 노력하고 기도하는데 인생이 풀리지 않는다고 낙심한 일이 있는가?

3. 신앙생활의 내면은 어떻게 이루어지는가?

4. 자기 십자가를 지고 나를 따르라 하신 의미를 생각해보았는가?

🎵 찬송가 216장 세 번 이상 부르기
✋ 한 시간 기도하기

1. 오늘 경건한 신앙의 삶이 되도록

2. 본 교회와 목회자를 위하여

3. 세속화 되어가는 한국교회의 각성을 위하여

4. 주위에 연약한 자, 병든 자의 치유를 위하여

5. 국가의 위정자들을 위하여

6. 북한의 교회와 동포들을 위하여

7. 내 가정과 자녀들의 신앙을 위하여

8. 외국에서 사역하는 선교사들을 위하여

9. 개척 교회와 농어촌 교회와 목회자들을 위하여

10. 헐벗고 굶주린 이웃을 위하여

11. 다문화 가정과 자녀들을 위하여

기도의 불을 붙이라! 기도의 내용을 찾으라 _ C. H. 스펄전

신앙과 겸손

성경읽기 _ 마태복음 21:1-10 ; 벧전 5:1-11

겸손은 자기를 낮추는 것이다. 사람은 높아지고자 하는 마음이 있다. 그러나 신앙은 다른 사람 앞에서 자기를 낮추는 덕목이다. 성경은 "선 줄로 생각하는 자는 넘어질까 조심하라"고 하셨다.

예수님은 하나님의 본체시나 자기를 비워 종의 형체를 가지사 사람들과 같이 되셨고 사람의 모양으로 나타나사 동일한 고난을 받으셨다. 예수님이 이 땅에 오신 목적은 하나님의 뜻, 속죄의 역사를 이루시기 위함이었다.

예수님께서는 예루살렘에 올라가시면서 당당한 말을 타고 가신 것이 아니라 어린 나귀새끼를 타고 올라가셨다. 스가랴 선지자는 예언하기를, "그는 겸손하여 나귀 곧 짐승의 새끼를 타셨다"고 하셨다. 찬송을 받으실 분, 하나님의 아들의 영광을 가지셨지만, 예수님은 많은 사람들의 환호성에 흔들리지 않으시고 나귀 새끼를 타고 가셨다.

교만은 "마귀를 정죄하는 것"이라 했고, "하나님은 겸손한 자에게는 은혜를 베푸시고 교만한 자는 대적하신다"고 하였다. 우리 믿는 성도들은 마땅히 어디서나 자기를 낮추는 겸손의 덕이 있어야 한다. 교만한 자에게는 욕이 오고, 겸손한 자에게는 존경과 칭찬이 온다. 나보다 항상 이웃을 먼저 생각하고 낮게 여기며, 자신을 낮추고 양보하는 것이 신앙의 경건이다.

사람은 누구에게나 존귀히 여김을 받아야 할 인격이 있다. 그러므로 항상은 이웃을 존귀히 여기고 배려하며 높이는 생활을 해야 한다. 경건은 이렇게 아름다운 흔적을 남긴다.

📖 경건의 묵상

1. 우리가 사람들과의 관계에서 종종 실패하는 경우는 무엇인가?

2. 항상 내가 다른 사람보다 우월하다고 생각할 때가 있었는가?

3. 들어주는 시간과 내가 말하는 시간을 비교해 보았는가?

4. 사람들을 만나고 집에 와서 무엇 때문에 후회하였는가?

♬♪ 찬송가 부르기

. . . .

찬송가 534장 세 번 이상 부르기

✋ 한 시간 기도하기

. . . .

1. 오늘 경건한 신앙의 삶이 되도록

2. 본 교회와 목회자를 위하여

3. 세속화 되어가는 한국교회의 각성을 위하여

4. 주위에 연약한 자, 병든 자의 치유를 위하여

5. 국가의 위정자들을 위하여

6. 북한의 교회와 동포들을 위하여

7. 내 가정과 자녀들의 신앙을 위하여

8. 외국에서 사역하는 선교사들을 위하여

9. 개척 교회와 농어촌 교회와 목회자들을 위하여

10. 헐벗고 굶주린 이웃을 위하여

11. 다문화 가정과 자녀들을 위하여

기도의 불을 붙이라! 기도의 내용을 찾으라 _ C. H. 스펄전

천국은?

천국은 어떤 곳인가? 예수님은 비유로 말씀하시기를 "천국은 마치 자기 아들을 위하여 혼인잔치를 베푼 어떤 임금과 같다"고 하셨다. 잔치는 즐거움의 표현이며 모두의 행복을 의미한다. 인생에 있어서 혼인잔치는 최고의 즐거움이요 행복이다. 임금은 혼인잔치를 위하여 "모든 것을 준비하였다"고 하였다.

천국은 하나님께서 모든 것을 준비하신 즐거움의 잔치이다. 부족한 것이나 아쉬움이 없는 너도나도 함께 즐거움만이 있는 곳! 이곳을 계시록 21장에서는 새 하늘과 새 땅, 옛 것은 없어지고, 바다도 다시 있지 않고, 인간의 세계에서는 상상할 수 없는 새 예루살렘이 하늘에서 내려오고, 해와 달이 필요 없고, 하나님의 보좌의 빛으로 찬란하며, 어두움이나 밤이 없는 세계, 다시는 죽음이나 아픈 것이나 이별이나 슬픔이 없는 이 세상 것들이 다 지나가 버린 곳, 하나님이 만물을 새롭게 하신 곳이라 하셨다. 그런데 이곳에 청함을 받은 사람들이 들어가지 못했다. 합당하지 못하여 다 제 길로 갔고 생각지 못했던 사람들이 들어갔다. 뿐만 아니라 예복을 입지 아니한 사람들은 천국에서 쫓겨난다는 것이다.

천국은 믿는 사람들에게 주어지는 최고의 영광이요, 하나님과 함께 영생하는 곳이다. 하버드대학교 신경외과 교수이며 의사인 이븐 알렉산더 박사의 체험을 쓴 〈나는 천국을 보았다〉는 믿지 않는 많은 사람들에게 사후의 세계에 대한 의문을 갖게 만들었다. 사후 세계는 존재하며 천국은 이성으로 설명하기 어려운 영의 세계의 신비이다. 그런데 여기는 아무나 갈 수 있는 곳이 아니다. 믿음의 승리자들이 유업으로 받는 곳이며, 하나님을 아버지라 부르는 우리가 아들들이 되어 영원히 사는 곳이다(계 21:7).

📖 경건의 묵상

1. 우리는 천국에 대한 확신을 가지고 살고 있는가?

2. 천국이 있기에 현재의 생활에 어떤 영향을 받고 있는가?

3. 죽음 앞에서 천국을 바라보는 신앙으로 죽음을 맞이할 수 있는가?

4. 성경에서 천국에 대한 말씀들을 정리해볼 생각은 없는가?

🎵 찬송가 534장 세 번 이상 부르기
✋ 한 시간 기도하기

1. 오늘 경건한 신앙의 삶이 되도록

2. 본 교회와 목회자를 위하여

3. 세속화 되어가는 한국교회의 각성을 위하여

4. 주위에 연약한 자, 병든 자의 치유를 위하여

5. 국가의 위정자들을 위하여

6. 북한의 교회와 동포들을 위하여

7. 내 가정과 자녀들의 신앙을 위하여

8. 외국에서 사역하는 선교사들을 위하여

9. 개척 교회와 농어촌 교회와 목회자들을 위하여

10. 헐벗고 굶주린 이웃을 위하여

11. 다문화 가정과 자녀들을 위하여

기도의 불을 붙이라! 기도의 내용을 찾으라 _ C. H. 스펄전

부활의 신앙

성경읽기 _ 마태복음 22:23-33 ; 고린도전서 15장

부활은 기독교 신앙의 생명이다. 예수님은 말씀하셨다.

"예수께서 이르시되 나는 부활이요 생명이니 나를 믿는 자는 죽어도 살겠고 무릇 살아서 나를 믿는 자는 영원히 죽지 아니하리니 이것을 네가 믿느냐"(요 11:25-26)

이것을 부활 신앙이라 한다. 예수님 당시에도 부활을 믿지 아니하는 사람들이 있었다. 오늘날도 이론이나 과학으로 설명이 안되기 때문에 부활을 믿지 않는 사람들이 있다. 이런 것은 믿음으로 알아지는 지식이요 진리이다. 고린도전서 15장에서 말씀으로 부활을 자세하게 설명하고

있다. 이를 증명하기 위하여 그리스도께서 먼저 죽은 자 가운데서 다시 살아나시어 부활의 첫 열매가 되셨다. 우리도 이와 같이 다시 살아서 영원히 죽지 않는 몸으로 변화될 것이다.

"보라 내가 너희에게 비밀을 말하노니 우리가 다 잠잘 것이 아니요 마지막 나팔에 순식간에 홀연히 다 변화되리니 나팔 소리가 나매 죽은 자들이 썩지 아니할 것으로 다시 살아나고 우리도 변화되리라 이 썩을 것이 반드시 썩지 아니할 것을 입겠고 이 죽을 것이 죽지 아니함을 입으리로다" (고전 15:51-53)

예수님께서 부활을 믿지 않는 자들에게 말씀하셨다. "하나님은 아브라함의 하나님이요 이삭의 하나님이요 야곱의 하나님이라 죽은 자의 하나님이 아니요 살아 있는 자의 하나님이시라"(마 22:32). 그래서 빌립보서 3:20에 "우리의 시민권은 하늘에 있나니 거기로부터 구원하는 자 곧 예수 그리스도를 기다리는 자라" 하였다. 우리가 사는 이곳은 영구한 도성이 아니니 우리는 세상 끝날에 다시 오실 예수 그리스도를 소망하고 우리도 그와 함께 영광 중에 나타나게 될 것을 믿는 자들이 되어야 한다(골 3:4).

📖 경건의 묵상

1. 평상시 천국이나 부활에 대한 감정이 내게 있는가?
2. 부활의 신앙을 사회생활 속에서 적용하여 보았는가? (예: 어려운 일이나 이권에 개입된 일에 양보했던 일 등)
3. 부활신앙을 이웃 친지들에게 전해보았는가?

🎵 찬송가 552장 세 번 이상 부르기
🙌 한 시간 기도하기

1. 오늘 경건한 신앙의 삶이 되도록
2. 본 교회와 목회자를 위하여
3. 세속화 되어가는 한국교회의 각성을 위하여
4. 주위에 연약한 자, 병든 자의 치유를 위하여
5. 국가의 위정자들을 위하여
6. 북한의 교회와 동포들을 위하여
7. 내 가정과 자녀들의 신앙을 위하여
8. 외국에서 사역하는 선교사들을 위하여
9. 개척 교회와 농어촌 교회와 목회자들을 위하여
10. 헐벗고 굶주린 이웃을 위하여
11. 다문화 가정과 자녀들을 위하여

기도의 불을 붙이라! 기도의 내용을 찾으라 _ C. H. 스펄전

신앙과 재물

성경읽기 _ 누가복음 18:18~30

신앙생활하면서 재물에 대한 관리를 어떻게 하느냐는 매우 중요하다. 여러 가지 계명을 잘 지킨다 하여도 우리 생활에 필요한 재물과 어떤 관계를 갖느냐는 신앙의 중요한 척도가 되기 때문이다. 산상수훈에서 "네 보물이 있는 곳에 네 마음도 있다"고 하셨다. 물질이 있는 곳에 마음이 있다는 것은 내가 마음을 쏟고 있는 것이 내 인생의 주인이 된다는 것이다. 사람들은 왜 사는가? 재물(돈)을 모으기 위하여, 부요를 누리기 위하여 현재의 고난을 참고 수고하며 살아가고 있다. 돈이 없으면 마음부터 가난하여지고 인생이 스스로 처량함을 느끼게 된다. 그래서 재물을 최고의 가치로 생각하고 재물을 위하여 살아가는 것이다.

예수님은 자신을 찾아온 부자에게 이렇게 말씀하셨다.

"… 네게 있는 것을 다 팔아 가난한 자들에게 나눠 주라 그리하면 하늘에서 네게 보화가 있으리라 그리고 와서 나를 따르라 하시니"(눅 18:22)

그러나 이 사람은 재물이 많으므로 이 말씀을 듣고 심히 근심하며 돌아갔다. 하나님과 재물을 겸하여 섬길 수는 없는 법! 포기할 수 없는 재물이 이 사람에게는 주인이고 가치였다. 예수님은 한 사람이 두 주인을 섬기지 못한다 하셨다.

"한 사람이 두 주인을 섬기지 못할 것이니 혹 이를 미워하고 저를 사랑하거나 혹 이를 중히 여기고 저를 경히 여김이라 너희가 하나님과 재물을 겸하여 섬기지 못하느니라"(마 6:24)

우리가 우리에게 주어진 소명으로 열심히 살아갈 때에 재물은 주어지는 것이다. 재물 따라 내 인생이 움직이고 신앙을 양보한다면 그것은 돈의 종이 되는 것이다. 재물을 모으기 위해서가 아니라 내 소명이나 본분에 충실할 때 돈이 따라 오는 것이지 돈에 의해 내 신앙이 움직인다면 그것은 신앙인의 자세가 아니다. 그래서 "돈을 사랑하는 것이 일만 악의 뿌리가 된다" 하셨다. 우리는 하나님의 역사를 믿는 사람으로서 "무엇을 먹을까 무엇을 입을까?"로 신앙에 상처를 받는 사람이 아니다.

소명과 부르심을 따라 있는 자리에서 충실하며 재물을 지혜롭게 의미있게 잘 사용하는 것이 경건한 믿음의 생활이다.

📖 경건의 묵상

1. 물질 때문에 시험을 받은 일이 있는가?
2. 가정에서 재물과 신앙으로 인해 갈등하고 불화했던 일이 있는가?
3. 지금 내 인생의 중심은 물질인가 신앙인가?
4. 어떻게 하는 것이 재물에 대한 탐심을 초월하는 신앙인가 고민해보자.

🎵 찬송가 부르기

찬송가 94장 세 번 이상 부르기

🖐 한 시간 기도하기

∙∙∙

1. 오늘 경건한 신앙의 삶이 되도록

2. 본 교회와 목회자를 위하여

3. 세속화 되어가는 한국교회의 각성을 위하여

4. 주위에 연약한 자, 병든 자의 치유를 위하여

5. 국가의 위정자들을 위하여

6. 북한의 교회와 동포들을 위하여

7. 내 가정과 자녀들의 신앙을 위하여

8. 외국에서 사역하는 선교사들을 위하여

9. 개척 교회와 농어촌 교회와 목회자들을 위하여

10. 헐벗고 굶주린 이웃을 위하여

11. 다문화 가정과 자녀들을 위하여

기도의 불을 붙이라! 기도의 내용을 찾으라 _ C. H. 스펄전

보이는 신앙

성경읽기 _ 누가복음 19:1-10

신앙은 보이지 않는다. 예수님도 보이지 않는 성령을 보이는 성령의 역사로 설명하셨다. "바람이 임의로 불매 어디서 와서 어디로 가는지 알지 못한다" 하셨다. 우리는 바람을 그 흔적으로 본다. 이와 같이 신앙에는 행동이 따른다. 삭개오는 예수님을 만난 후 자신의 믿음을 보여드렸다. "내 소유의 절반을 가난한 자들에게 주겠사오며 누구의 것을 속여 빼앗은 일이 있으면 네 배나 갚겠나이다." 이에 대해 예수님은 "이 집에 구원이 이르렀다"고 선포하셨다. 세례 요한이 요단강에서 회개의 세례를 베풀 때에 바리새인들이 찾아왔다. 당시 바리새인들은 철저한 종교인으로 신앙을 자랑하던 랍비들이었다. 그런데 요한은 외쳤다.

"… 독사의 자식들아 누가 너희에게 일러 장차 올 진노를 피하라 하더냐 그러므로 회개에 합당한 열매를 맺고 속으로 아브라함이 우리 조상이라 말하지 말라 … 이미 도끼가 나무 뿌리에 놓였으니 좋은 열매 맺지 아니하는 나무마다 찍혀 불에 던져지리라"(눅 3:7~9)

우리는 사회 속에서 신앙인으로 살아간다. 우리의 신앙은 보여주는 신앙인가? 아니면 감추는 신앙인가? 보여주기보다는 신앙을 숨기려는 이유는 무엇인가? 신앙인은 희생과 헌신을 통해 그 믿음을 이웃에게 보여 주어야 한다. 신앙을 위하여 무엇을 양보했는가? 손해 본 것은 무엇인가? 내가 자원하여 공동체를 위하여 봉사하는 것은 무엇이 있나?

소금이 맛을 내려면 주어진 환경에 녹아야 하는 것처럼 신앙은 말없이 모두의 유익과 행복을 위해 일한다. 그리고 그것을 보람으로 알고 자신을 희생한다. 이것이 믿음의 경건이다.

📖 경건의 묵상

1. 우리는 사회에서 기독교 신앙인으로 당당한가?

2. 신앙인으로 당당하지 못한 이유는 무엇인가?

3. 우리 때문에 내가 속한 사회에 어떤 변화가 왔는가?

4. 구조적으로 잘못된 사회에서 우리의 역할은 무엇인가?

🎵 찬송가 502장 세 번 이상 부르기
✊ 한 시간 기도하기

1. 오늘 경건한 신앙의 삶이 되도록

2. 본 교회와 목회자를 위하여

3. 세속화 되어가는 한국교회의 각성을 위하여

4. 주위에 연약한 자, 병든 자의 치유를 위하여

5. 국가의 위정자들을 위하여

6. 북한의 교회와 동포들을 위하여

7. 내 가정과 자녀들의 신앙을 위하여

8. 외국에서 사역하는 선교사들을 위하여

9. 개척 교회와 농어촌 교회와 목회자들을 위하여

10. 헐벗고 굶주린 이웃을 위하여

11. 다문화 가정과 자녀들을 위하여

기도의 불을 붙이라! 기도의 내용을 찾으라 _ C. H. 스펄전

신앙과 외식

성경읽기 _ 마태복음 23:13-33

외식(外飾, 겉치레)은 종교에서도 용납이 되지 않는다. 신앙은 내면과 외면의 일치로 진실을 만들어내는 것이다. 외식하는 신앙은 무서운 죄이다.

예수님은 외식하는 서기관들과 바리새인들에게 사람들 앞에서 천국 문을 닫고 자기들도 못 들어가고 들어가려는 자들도 못 들어가게 하는 자들이라 하셨다. 외식하는 자들의 특징은 사람들이 만들어 놓은 유전과 전통을 신앙보다 더 중요시하며 사람들을 가르치고, 이것으로 사람들을 평가하고 정죄하는 것이다. 교회에서는 나타나는 형식에 의존하고, 보이는 일에만 관심을 가지며, 사람을 의식하고, 보여주기 위하여 거룩을 모방한다. 그래서 예수님은

"대접의 겉은 깨끗하되 그 안에는 탐욕과 방탕으로 가득하도다. 먼저 너희 안을 깨끗이 하라. 그러면 겉도 깨끗하리라" 하셨다.

기독교 신앙은 종교의 형식을 따라 거룩을 만들어가는 것이 아니다. 신앙은 삶이요, 이상과 꿈이요, 전부이다. 외식하는 자들은 보이는 교회에서 행세를 하려 하고, 주장하려 하며 어떤 일에든지 자기 이름이 들어가야 하는 영웅심으로 가득 차 있다. 입으로는 하나님을 경외하나 마음은 언제나 자기가 중심이 된다.

"화 있을진저 외식하는 서기관들과 바리새인들이여 회칠한 무덤 같으니 겉으로는 아름답게 보이나 그 안에는 죽은 사람의 뼈와 모든 더러운 것이 가득하도다 이와 같이 너희도 겉으로는 사람에게 옳게 보이되 안으로는 외식과 불법이 가득하도다"

(마 23:27-28)

신앙은 외면에 나타나기 전, 내면 마음속에서 먼저 채워져야 자연스럽게 밖으로 나오는 것이다. 그래서 경건은 보이는 것이 아니라 속에서부터 자연스럽게 생활에 나타나는 것이다.

📖 경건의 묵상

1. 신앙의 가장 무서운 적이 내게 있다는 것을 생각하라.
2. 내 안에 있는 영웅심 때문에 교회 일에 열심을 내지는 않았는가?
3. 체면 때문에 신앙 행위의 본을 보이려고 했는가?
4. 외식이라는 생각을 해보지 아니하고 열심히 했는가?
5. 외식은 천국에 들어가지 못하는 본질적인 죄이다.

🎵 찬송가 552장 세 번 이상 부르기
🙌 한 시간 기도하기

1. 오늘 경건한 신앙의 삶이 되도록
2. 본 교회와 목회자를 위하여
3. 세속화 되어가는 한국교회의 각성을 위하여
4. 주위에 연약한 자, 병든 자의 치유를 위하여
5. 국가의 위정자들을 위하여
6. 북한의 교회와 동포들을 위하여
7. 내 가정과 자녀들의 신앙을 위하여
8. 외국에서 사역하는 선교사들을 위하여
9. 개척 교회와 농어촌 교회와 목회자들을 위하여
10. 헐벗고 굶주린 이웃을 위하여
11. 다문화 가정과 자녀들을 위하여

기도의 불을 붙이라! 기도의 내용을 찾으라 _ C. H. 스펄전

이 모든 것을 보느냐

성경읽기 _ 마태복음 24:1-14

우 리 믿음의 사람들은 세상에 보이는 모든 것들에 대한 안목이 있어야 한다. 건물을 보아도 나무 한 그루를 보아도 들에 피는 한 송이의 꽃을 보아도 그 속에서 하나님의 의도와 자연의 섭리를 볼 수 있어야 한다.

예루살렘 성전은 이스라엘의 자랑이요, 역사요, 문화요, 종교이다. 46년 동안 온 백성이 대리석으로 아름답고 웅장한 성전으로, 신앙의 중심으로 완고하게 세운 이것은 이스라엘의 자부심이었다. 그런데 예수님은 제자들에게 "너희가 이 모든 것을 보지 못하느냐? 내가 진실로 너희에게 이르노니 돌 하나도 돌 위에 남지 않고 다 무너뜨려지리라" 하셨다. 예수님은 아름답고 웅장하고 견고해 보이는 이 성전에서 무너져가는 성전을 보셨다. 겉모양만을 보신 것이 아니라, 그 성전 안의 타락해가는 모습을 보신 것이다. 그 말씀대로 주후 70년, 로마 티토 장군의 점령으로 성전은 돌 하나도 돌 위에 남지 못하고 무너졌다. 견고하고 웅장한 성전은 끝이 났다.

이 세상의 모든 사물을 보며 우리는 현재와 그리고 그 속의 진실과 미래를 볼 수 있는 안목이 있어야 한다. 그래서 예수님은 "사람의 미혹을 받지 않도록 주의하라" 하셨다. 보이는 이 세상의 흘러가는 문화와 유행에 흔들리지 말아야 한다. 한 포기의 아름다운 꽃도 때가 되면 시들고 떨어진다. 사람들의 불법으로 사랑이 식어지고 개인주의에 집착하여 물질주의의 화려한 인생을 도모할지라도, 그로 인하여 이루어질 결과를 볼 수 있는 눈으로 자신의 신앙을 고난과 인내로 지켜 나가는 것이 신앙의 경건이다.

세속에 물들지 않고 자기를 믿음으로 지키며, 세상의 모든 것을 신앙의 안목으로 바라보며 다가올 미래를 준비하는 사람이 신앙의 지혜를 가진 자요, 경건의 승리를 얻는 자이다.

📖 경건의 묵상

1. 예루살렘 성전을 바라보는 제자들과 예수님은 왜 다른가?

2. 인간들이 만들어 놓은 웅장한 건물을 보며 각자가 느낀 감정은 무엇인가?

3. 자연의 세계를 즐기면서 우리는 무엇을 생각해 보았는가?

4. 앞으로 우리는 세상의 문화와 자연 속에서 어떤 신앙으로 살아가야 할 것 인가?

🎵 찬송가 179장 세 번 이상 부르기
✊ 한 시간 기도하기

1. 오늘 경건한 신앙의 삶이 되도록

2. 본 교회와 목회자를 위하여

3. 세속화 되어가는 한국교회의 각성을 위하여

4. 주위에 연약한 자, 병든 자의 치유를 위하여

5. 국가의 위정자들을 위하여

6. 북한의 교회와 동포들을 위하여

7. 내 가정과 자녀들의 신앙을 위하여

8. 외국에서 사역하는 선교사들을 위하여

9. 개척 교회와 농어촌 교회와 목회자들을 위하여

10. 헐벗고 굶주린 이웃을 위하여

11. 다문화 가정과 자녀들을 위하여

기도의 불을 붙이라! 기도의 내용을 찾으라 _ C. H. 스펄전

그 날과 그 때

성경읽기 _ 마태복음 24:29-51

세상은 영원할 것인가? 성경에는 세상은 종말이 있고 그때가 되면 하나님의 구원의 완성을 위하여 예수 그리스도께서 구세주로, 심판의 주로 세상에 오신다고 하였다.

성경은 하나님의 약속의 말씀이요 진리이다. 내 인생의 종말이 있는 것처럼, 이 세상도 끝나는 날이 있다. 그때에는 주님께서 약속대로 천사장의 호령과 하나님의 나팔소리와 함께 천군 천사들을 대동하시고 재림하실 것이다. 베드로후서 3장의 말씀대로 세상의 체질이 불에 녹아지고 주님께서 하늘 구름을 타시고 권능과 영광 중에 다시 오실 것이다(살전 4:16-17).

예수님께서도 "그 날 환난 후에 즉시 해가 어두워지며 달이 빛을 내지 아니하며 별들이 하늘에서 떨어지며 하늘의 권능들이 흔들리리라. 그 때에 인자의 징조가 하늘에서 보이겠고 그 때에 땅의 모든 족속들이 통곡하며 그들이 인자가 구름을 타고 능력과 큰 영광으로 오는 것을 보리라. 그가 큰 나팔 소리와 함께 천사들을 보내리니 그들이 그의 택하신 자들을 하늘 이 끝에서 저 끝까지 사방에서 모으리라"(마 24:29-31) 하셨다.

"그러나 그 날과 그 때는 아무도 모르나니 하늘의 천사들도, 아들도 모르고 오직 아버지만 아시느니라 노아의 때와 같이 인자의 임함도 그러하리라"(마 24:36-37)

"천지는 없어질지언정 내 말은 없어지지 아니하리라"(마 24:35)

그러므로 신앙생활에 있어서 그 날과 그 때는 잊어서는 안되는 사건이다. 성경은 두 가지 종말을 말씀하시는데, 하나는 개인의 종말이요, 또 하나는 세상의 종말이다. 우주적 종말이라고도 하는 하나님의 예정된 구원의 역사의 완성과 함께 세상은 없어질 것이고, 하나님의 세계 곧 영원 세계의 시간과 질서가 영원히 펼쳐질 것이다.

그래서 베드로후서 3장에서는 우리가 어떤 사람이 되어야 마땅하냐고 하셨다.

"우리는 그의 약속대로 의가 있는 곳인 새 하늘과 새 땅을 바라보도다 그러므로 사랑하는 자들아 너희가 이것을 바라보나니 주 앞에서 점도 없고 흠도 없이 평강 가운데서 나타나기를 힘쓰라"(벧후 3:13-14)

미래를 준비한 자에게 영광이 주어진다. 그 날과 그 때의 영광을 바라보고 오늘을 준비하며 사는 의롭고 진실한 성도의 삶이 경건이다.

📖 경건의 묵상

1. 내 인생도 종말이 있다는 것을 느끼며 살고 있는가?
2. 이 세상은 영원하지 않은 것이라고 의식하며 살고 있나?
3. 종말에 대한 두려움이 오는 이유는 무엇인가?
4. 종말에 있을 사건에 대하여 확신이 있는가?
5. 지금부터 나는 어떤 믿음의 자세로 살아야 하는가?

♪ 찬송가 부르기

찬송가 180장 세 번 이상 부르기

✋ 한 시간 기도하기

1. 오늘 경건한 신앙의 삶이 되도록

2. 본 교회와 목회자를 위하여

3. 세속화 되어가는 한국교회의 각성을 위하여

4. 주위에 연약한 자, 병든 자의 치유를 위하여

5. 국가의 위정자들을 위하여

6. 북한의 교회와 동포들을 위하여

7. 내 가정과 자녀들의 신앙을 위하여

8. 외국에서 사역하는 선교사들을 위하여

9. 개척 교회와 농어촌 교회와 목회자들을 위하여

10. 헐벗고 굶주린 이웃을 위하여

11. 다문화 가정과 자녀들을 위하여

기도의 불을 붙이라! 기도의 내용을 찾으라 _ C. H. 스펄전

슬기로운 신앙

성경읽기 _ 마태복음 25:1-13

우리는 성경을 성경말씀으로 읽어야 한다. 이 말씀이 나와 어떤 관계가 있고 어떤 경고를 주시는가를 묵상해야 한다. 예수님의 비유의 말씀이 그냥 아는 말씀이 되면, 성경은 내게 성경이 아니다.

믿음의 사람은 슬기롭고 지혜로운 사람이다. 말씀으로 교훈을 받고 뜻을 깨닫고 행동으로 믿음을 보여주는 것이다. 슬기라는 것은 이치를 바르게 분별하고 일을 정확하게 처리하는 능력이다. 신앙은 슬기로운 행동이다. 많은 사람이 신앙생활한다고 교회생활을 열심히 하고 있다. 공동체 안에서 서로가 봉사하며 헌신하고 있다. 그렇다고 그들이 다 믿음이 있고 구원 받은 자의 행동은 아니다.

열 처녀의 비유 중에 다섯 사람은 동일하게 교회생활을 했음에도 불구하고 주님을 만나지 못하고 밖에 버려지는 슬프고 불행한 종말을 맞이했다. 신앙의 슬기란 하나님의 뜻을 올바로 인식하고 그 뜻대로 살아가는 것이다.

"나더러 주여 주여 하는 자마다 천국에 들어갈 것이 아니요 다만 하늘에 계신 내 아버지의 뜻대로 행하는 자라야 들어가리라"(마 7:21)

아무리 많은 봉사와 큰 일을 하였을지라도 하나님의 뜻이 아니고 자기의 뜻대로 하였다면 그는 불법자요 신앙인이 아닌 것이다. 그래서 "사랑하는 자들아 거류민과 나그네 같은 너희를 권하노니 영혼을 거슬러 싸우는 육체의 정욕을 제어하라"(벧전 2:11)고 하신 것이다.

신앙은 자기의 뜻과 생각을 버리고 하나님의 뜻을 따르는 것이다. 누가 슬기로운 신앙의 사람인가? 자신을 돌아보자! 내 생각과 내 감정이 어떤 행동을 가져왔는가? 슬기로운 신앙의 사람만이 그날의 영광을 받을 수 있다.

📖 경건의 묵상

1. 교회 공동체 생활을 하면서 내가 하는 일이 슬기로운지 생각해 보았나?
2. 보이는 유익과 현실의 상황에 따라 교회 생활을 하지는 않았나?
3. 교회 분위기에 휩쓸리거나 또는 다수라 하여 그냥 따라가고 있지 않은가?
4. 밖에 쫓겨난 자들의 신앙을 생각해 보았는가?
5. 등불의 기름은 무엇을 의미하는 것일까? 그것의 영적 의미는?

🎵 찬송가 부르기

찬송가 176장 세 번 이상 부르기

✊ 한 시간 기도하기

1. 오늘 경건한 신앙의 삶이 되도록
2. 본 교회와 목회자를 위하여
3. 세속화 되어가는 한국교회의 각성을 위하여
4. 주위에 연약한 자, 병든 자의 치유를 위하여
5. 국가의 위정자들을 위하여
6. 북한의 교회와 동포들을 위하여
7. 내 가정과 자녀들의 신앙을 위하여
8. 외국에서 사역하는 선교사들을 위하여

9. 개척 교회와 농어촌 교회와 목회자들을 위하여

10. 헐벗고 굶주린 이웃을 위하여

11. 다문화 가정과 자녀들을 위하여

기도의 불을 붙이라! 기도의 내용을 찾으라 _ C. H. 스펄전

신앙과 언어생활

성경읽기 _ 야고보서 1:1-12

인간은 언어가 있기에 문명을 만들었다고 생각한다. 말은 사람의 마음과 생각을 소리로 표현하는 수단이다. 그래서 서로 유무상통(有無相通)하므로 사회를 이루고 문명의 역사를 만들어온 것이다.

말은 참으로 좋은 것이요 인간을 인간답게 살아가게 하는 조건이기도 하다. 말을 통하여 서로의 생각을 나누고 미래를 공유하며 함께 역사를 만들어 간다. 그러므로 말은 참으로 중요하다. 상대방에게 하는 말 한마디 한마디가 여러가지 감정을 가져온다. 때로는 기쁨, 슬픔, 희망, 꿈이 되기도 하고, 말을 통하여 실망하고 낙심하고 좌절하기도 하며, 말을 통하여 사랑하고 서로 위로하며 격려하기도 한다. 그런가 하면 말 때문에 오해하고 미움의 감정이 생겨 불행해지는 경우도 있다. 그래서 말을 잘해야 하는데 부지중에 한 말이 상대방을 불행하게 하는 경우를 많이 본다.

혀는 불이요 길들이기 힘든 악이요 죽이는 독이라고 했다. 주의해야 할 것은 입은 하나인데 생각은 많이 있기에 한 입에서 여러 가지의 말이 나온다는 것이다. 한 입으로 하나님을 찬양하고, 이웃을 칭찬하고, 사랑을 고백하고, 그 입으로 사람을 저주하고 악독한 말로 상처를 주기도 한다. 사람이 제일 많이 실수하는 것이 말이다.

"우리가 다 실수가 많으니 만일 말에 실수가 없는 자라면 곧 온전한 사람이라"(약 3:2)

"너희 듣기는 속히 하고 말하기는 더디 하라"(약 1:19)

사람은 마음에 있는 것이 입으로 나오게 된다. 항상 말씀과 성령으로 심령을 채우라. 그리고 생각해서 경우에 합당한 말을 하고, 화평과 사랑과 격려와 온유의 말로 서로에게 유익이 되는 덕이 되는 말을 하라.

"경우에 합당한 말은 은쟁반의 금 사과니라" (잠 25:11)

믿음으로 경우에 합당하게 말로 서로를 축복하는 것은 속에서부터 나오는 신앙의 경건이다.

📖 경건의 묵상

1. 모임이나 만남 후 집에 돌아와 말한 것을 후회해 본 일 있는가?

2. 상대의 말을 듣기보다 내가 말을 더 많이 하지 않았나?

3. 서운한 감정을 앞세워 상대에게 말로 상처를 주지 아니했나?

4. 믿음으로 말에 덕을 세우기 위하여 어떻게 해야 할까?

🎵 찬송가 부르기

찬송가 220장 세 번 이상 부르기

✋ 한 시간 기도하기

1. 오늘 경건한 신앙의 삶이 되도록

2. 본 교회와 목회자를 위하여

3. 세속화 되어가는 한국교회의 각성을 위하여

4. 주위에 연약한 자, 병든 자의 치유를 위하여

5. 국가의 위정자들을 위하여

6. 북한의 교회와 동포들을 위하여

7. 내 가정과 자녀들의 신앙을 위하여

8. 외국에서 사역하는 선교사들을 위하여

9. 개척 교회와 농어촌 교회와 목회자들을 위하여

10. 헐벗고 굶주린 이웃을 위하여

11. 다문화 가정과 자녀들을 위하여

기도의 불을 붙이라! 기도의 내용을 찾으라 _ C. H. 스펄전

오른편과 왼편

성경읽기 _ 마태복음 25:31-46

세 상의 종말과 함께 예수님은 만왕의 왕으로 영광의 보좌에 앉으신다. 그때에 우리는 그 앞에 서게 될 것이다.

세례 요한은 예수님은 타작마당의 키를 가지고 오시며 "알곡은 천국 창고에 쭉정이는 꺼지지 않는 불에 던질 것이라"고 외쳤다. 만주의 주로, 심판의 주로 천국 백성을 모으실 것이다. 이것을 성경은 심판이라 하신다. 참 신자와 거짓 위선의 신자가 그날에는 가려지고 구별되게 된다. 두 사람이 밭에서 일을 하는데 하나는 데려감을 당하고 하나는 버려둠을 당할 것이다. 그 날은 참 신앙과 거짓 신앙이 가려지는 순간이 될 것이다.

양과 염소는 같은 우리에서 주인의 보살핌을 받고 살았는데 그들이 들어가는 곳은 각각 오른편과 왼편이 될 것이다. 오른편에는 양들이 들어가고 왼편에는 염소들이 들어간다. 오른편의 양들에게 임금이 선포하신다.

"… 내 아버지께 복 받을 자들이여 나아와 창세로부터 너희를 위하여 예비된 나라를 상속받으라 또 왼편에 있는 자들에게 이르시되 저주를 받은 자들아 나를 떠나 마귀와 그 사자들을 위하여 예비된 영영한 불에 들어가라." (마 25:34, 41)

오른편과 왼편의 운명은 너무나도 다르게 결정되었다. 알곡은 모아 천국에 들이고 쭉정이는 꺼지지 않는 불에 들어가라 하셨다. 곡식과 가라지가 지금은 한 자리에서 함께 섬기며 울고 웃고 희로애락을 같이 하지만, 그 날이 오면 우리 주님께서 영광의 보좌에 앉으시는 날, 갈라지게 될 것이다. 그리고 그 운명은 영원히 바꿀 수 없는 행복과 불행이 된다.

공의로우신 하나님의 의의 심판을 누구도 거절할 수 없다. 스스로 염소는 왼편으로 가게 된다. 우리는 여기서 신앙의 내용이 무엇인가 눈여겨보아야 한다. 흔히 실수하면서 모르고 의롭다고 자처하는 곳이 교회라는 공동체이다.

우리를 향하신 하나님의 뜻은 무엇인가?

"임금이 대답하여 이르시되 내가 진실로 너희에게 이르노니 이 지극히 작은 자 하나에게 하지 아니한 것이 곧 내게 하지 아니한 것이니라 하시리니" (마 25:45)

우리는 그동안 종교인이 되어 형식과 의식에 매인 종교 생활을 하면서 그것을 참된 신앙처럼 생각해온 것은 아닌지 자신의 무지와 불신앙에 대해 돌아보아야 한다. 경건은 보이는 거룩한 종교 행위에 있는 것이 아니다.

📖 경건의 묵상

· ·

1. 내 삶의 내용이 성경의 말씀과 일치하기 위해 노력하는가?

2. 신앙생활 하면서 종말의 심판에 대해 생각하고 있는가?

3. 우리는 보이는 것으로 신앙을 평가하고 있는 것 아닌가?

4. 하나님을 사랑하듯 사랑해야 할 이웃이 있는가?

5. 사회에서 소외당하는 사람들(노숙인)을 외면한 적은 없나?

♬) 찬송가 부르기

찬송가 176장 세 번 이상 부르기

✋ 한 시간 기도하기

1. 오늘 경건한 신앙의 삶이 되도록

2. 본 교회와 목회자를 위하여

3. 세속화 되어가는 한국교회의 각성을 위하여

4. 주위에 연약한 자, 병든 자의 치유를 위하여

5. 국가의 위정자들을 위하여

6. 북한의 교회와 동포들을 위하여

7. 내 가정과 자녀들의 신앙을 위하여

8. 외국에서 사역하는 선교사들을 위하여

9. 개척 교회와 농어촌 교회와 목회자들을 위하여

10. 헐벗고 굶주린 이웃을 위하여

11. 다문화 가정과 자녀들을 위하여

기도의 불을 붙이라! 기도의 내용을 찾으라 _ C. H. 스펄전

신앙과 배신

성경읽기 _ 마태복음 26:14-23

사람이 살아가면서 경험하는 최고의 아픔은 배신이다. 인간의 역사는 사랑과 배신의 역사이다. 우리는 사랑하는 사람에게, 자녀에게, 제자에게, 친구에게 배신을 당한다. 인간은 이러한 갈등 속에 살아간다. 그래서 우리는 믿음으로 이 문제를 지혜롭게 잘 대처해야 한다.

예수님도 사랑하는 제자로부터 배신을 당하셨다. 그러나 그에게 회개할 수 있는 기회를 주시며 끝까지 사랑으로 제자들을 대하셨다. 함께 떡과 잔을 나누시고 제자들의 발을 씻어 주시므로 사랑이 무엇인지를 보여주었다. 나에게 서운한 감정과 악한 감정을 가지고 있는 사람들에게 어떻게 대하느냐가 내 신앙의 인격이요 척도가 되기도 한다.

"할 수 있거든 너희로서는 모든 사람과 더불어 화목하라 내 사랑하는 자들아 너희가 친히 원수를 갚지 말고 하나님의 진노하심에 맡기라 기록되었으되 원수 갚는 것이 내게 있으니 내가 갚으리라고 주께서 말씀하시니라 네 원수가 주리거든 먹이고 목마르거든 마시게 하라 악에게 지지 말고 선으로 악을 이기라." (롬 12:18-21)

"너희를 박해하는 자를 축복하라 축복하고 저주하지 말라"

(롬 12:14)

사람이 살면서 자기의 감정을 다스리기가 참 힘들다. 그러나 믿는 사람들은 자기를 배신하고 악하게 구는 사람들에게 사랑을 품어야 한다. 할 수만 있으면 그들과도 화목하고 먼저 베풀고 용서하고 이해로 그들을 덮어주어야 한다. 그것이 믿음의 경건이다.

가룟 유다는 예수님을 팔았고, 제자들은 예수님을 부인하였으며 고통의 자리에서 다 흩어지고 말았다. 그러나 예수님께서는 "너희가 마음은 원이로되 육신이 약하도다" 하셨다. 부활하신 후에는 제자들을 다시 모으시고 그들에게 평강을 주시며 성령을 약속하셨다.

📖 경건의 묵상

1. 공동체에서 소외를 당하거나 가까운 사람에게 배신을 당했을 때 우리는 어떤 감정이었는가?
2. 우리 자신이 어느 때 상대방을 미워해 보았나?
3. 마음은 화목해야겠다고 생각하는데 왜 행동을 못했는가?
4. 지금 까지도 마음에 풀지 못한 사람이 있는가?

🎵 찬송가 294장 세 번 이상 부르기
✋ 한 시간 기도하기

1. 오늘 경건한 신앙의 삶이 되도록
2. 본 교회와 목회자를 위하여
3. 세속화 되어가는 한국교회의 각성을 위하여
4. 주위에 연약한 자, 병든 자의 치유를 위하여
5. 국가의 위정자들을 위하여
6. 북한의 교회와 동포들을 위하여
7. 내 가정과 자녀들의 신앙을 위하여
8. 외국에서 사역하는 선교사들을 위하여
9. 개척 교회와 농어촌 교회와 목회자들을 위하여
10. 헐벗고 굶주린 이웃을 위하여
11. 다문화 가정과 자녀들을 위하여

기도의 불을 붙이라! 기도의 내용을 찾으라 _ C. H. 스펄전

겟세마네의 기도

성경읽기 _ 마태복음 26:36-46

본 문에서 우리는 예수님께서 고난과 죽으심을 앞에 놓고 겟세마네 동산에서 기도하시는 모습을 본다. 인성으로 오신 예수님에게 고난의 십자가는 고통과 두려움이었을 것이다. "내 마음이 매우 고민하여 죽게 되었으니"란 말에서 우리는 예수님의 심정을 알 수 있다. 그 기도는 간절하고 매우 절박한 기도였을 것이다. 이마에 땀방울이 핏방울이 되는 극심한 고통의 기도를 주님은 드리셨다.

"그가 육체에 계실 때에 자기를 죽음에서 능히 구원하실 이에게 심한 통곡과 눈물로 간구와 소원을 올렸고 그의 경건하심으로 말미암아 들으심을 얻었느니라." (히 5:7)

예수님은 "나의 원대로 하지 마옵시고 아버지의 원대로 하옵소서"라고 기도하셨고, 피곤에 지쳐 자고 있는 제자들에게 오셔서 "마음은 원이로되 육신이 약하도다" 하시며 다시 기도를 드리셨다. 여기서 우리는 때가 이를 때까지 기도로 승리하신 예수님의 모습을 본다.

신앙의 경건은 눈에 보이는 화려함과 웅장함이 아니다. 또한 위대하게 보이는 종교의 형식도 아니다. 오히려 섬기고 많은 사람을 살리기 위하여 죽음을 결단한 간절함의 기도라 할 수 있다. 사자굴 속에 들어갈 것을 알고도 변함없이 평소와 같이 하나님의 약속을 지키는 다니엘의 기도를 생각해보자. 이런 기도에 경건의 능력이 나타난다.

📖 경건의 묵상

1. 우리는 소원을 얼마나 간절하게 기도해 보았나?

2. 금식 기도로 기도의 고통을 체험해 보았는가?

3. 우리는 이마에서 땀이 흐르고 코에서 콧물이 흐르도록 기도해 보았는가?

4. 내 뜻이 아니라 하나님 뜻이라면 생명이라도 드리겠다고 몸부림 쳐 보았는가?

🎵 찬송가 부르기

• •

찬송가 364장 세 번 이상 부르기

✋ 한 시간 기도하기

• •

1. 오늘 경건한 신앙의 삶이 되도록

2. 본 교회와 목회자를 위하여

3. 세속화 되어가는 한국교회의 각성을 위하여

4. 주위에 연약한 자, 병든 자의 치유를 위하여

5. 국가의 위정자들을 위하여

6. 북한의 교회와 동포들을 위하여

7. 내 가정과 자녀들의 신앙을 위하여

8. 외국에서 사역하는 선교사들을 위하여

9. 개척 교회와 농어촌 교회와 목회자들을 위하여

10. 헐벗고 굶주린 이웃을 위하여

11. 다문화 가정과 자녀들을 위하여

기도의 불을 붙이라! 기도의 내용을 찾으라 _ C. H. 스펄전

엘리 엘리 라마 사박다니

성경읽기 _ 마가복음 15:21-41

십자가는 고난이요 희생이요 저주요 죽음이다. 예수님은 조롱과 멸시천대, 채찍과 온갖 수모를 겪으시고 십자가의 고난과 저주를 받으셨다. 최후 고통의 외침 "엘리엘리 라마 사박다니" "나의 하나님 나의 하나님 어찌하여 나를 버리셨나이까" 그렇다! 하나님은 아들일지라도 죄는 버리신다. 천국은 거룩한 곳이다. 죄인은 들어갈 수 없다. 십자가는 저주이다. 그는 우리의 죄 대신 저주를 받으사 십자가에서 우리 죄를 대속하셨다.

"그리스도께서 우리를 위하여 저주를 받은 바 되사 율법의 저주에서 우리를 속량하셨으니 기록된바 나무에 달린 자마다 저주 아래에 있는 자라 하였음이라 이는 그리스도 예수 안에서 아브라함의 복이 이방인에게 미치게 하고 또 우리로 하여금 믿음으로 말미암아 성령의 약속을 받게 하려 함이라 (갈 3:13-14)

우리가 속죄 받고 의인이 되고 하나님의 자녀가 된 것은 거저 된 것이 아니다. 그리스도께서 십자가의 저주로 죄값을 지불하심으로 속량 곧 죄사함을 받고 자녀가 되어 하나님의 후사로 새 하늘과 새 땅, 영원한 천국을 유업으로 받아 하나님과 함께 영생을 누리게 된 것이다.

"그러나 우리의 시민권은 하늘에 있는지라 거기로부터 구원하는 자 곧 주 예수 그리스도를 기다리노니 그는 만물을 자기에게 복종하게 하실 수 있는 자의 역사로 우리의 낮은 몸을 자기 영광의 몸의 형체와 같이 변하게 하시리라." (빌 3:20-21)

예수님은 죄의 저주로 인해 우리가 받아야 할 고난을 대신 받으시고 우리를 속량하시려 세상에 오셨다. 우리가 받은 구원, 즉 속죄·의인·자녀·유업이 거저 값없이 이루어진 것이 아니다. 그러므로 우리에게 주신 구원을 생명을 다하여 지킬 때에 경건의 능력이 나타난다.

📖 경건의 묵상

1. 신앙생활 하면서 십자가의 고난을 깊이 묵상한 일이 있는가?

2. 신앙을 위한 고난이 주님의 고난에 동참하는 것이라 생각했는가?

3. 신앙을 지키기 위하여 어떤 것들을 희생 했나?

4. 구원(속죄 · 의인 · 자녀 · 유업)의 가치에 대해 생각해 보았는가?

5. 우리는 어떤 각오로 신앙생활 해야겠다고 생각했는가?

🎵 찬송가 부르기

찬송가 151장 세 번 이상 부르기

✋ 한 시간 기도하기

1. 오늘 경건한 신앙의 삶이 되도록

2. 본 교회와 목회자를 위하여

3. 세속화 되어가는 한국교회의 각성을 위하여

4. 주위에 연약한 자, 병든 자의 치유를 위하여

5. 국가의 위정자들을 위하여

6. 북한의 교회와 동포들을 위하여

7. 내 가정과 자녀들의 신앙을 위하여

8. 외국에서 사역하는 선교사들을 위하여

9. 개척 교회와 농어촌 교회와 목회자들을 위하여

10. 헐벗고 굶주린 이웃을 위하여

11. 다문화 가정과 자녀들을 위하여

기도의 불을 붙이라! 기도의 내용을 찾으라 _ C. H. 스펄전

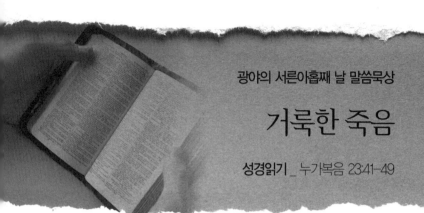

거룩한 죽음

예 수님은 하나님의 뜻을 따라 죽으러 오셨다. 요한복
음 17장에서 십자가를 앞에 두고 "때가 이르렀사오
니 아들을 영화롭게 하사 아들로 아버지를 영화롭게 하옵
소서" 하시었다.

성경에서 영화는 하나님의 뜻이 이루어짐이다.

> "내가 하늘에서 내려온 것은 내 뜻을 행하려 함이 아니요 나
> 를 보내신 이의 뜻을 행하려 함이니라." (요 6:38)

예수님은 인간 구원을 위한 속죄의 제물로 죽기 위하여
세상에 오셨다. 그리고 이를 위하여 고난받으시고 하나님

의 뜻을 따라 죽으셨다. 그래서 예수님의 삶과 죽음은 거룩함이다. 자기를 위함이 아니고 우리를 위하여 죽으셨기 때문이다.

실로 사람이 살아가는 것은 죽어가는 과정이다. 그런데 아무런 의미도 목적도 없이 살다가 그냥 죽어가는 것이다. 이런 인간을 성경은 "사람이 존귀에 처하나 깨닫지 못하면 멸망하는 짐승과 같다"고 하였다.

우리 모두는 죽는다. 그런데 무엇을 위한 죽음인가? 우리는 '목적이 있는 인생'을 살아야 한다. 하나님의 선택과 부르심의 뜻을 이루고 또 그것을 위해 죽어야 한다. 어떤 사람은 나라를 위하여 죽고, 어떤 사람은 친구를 위하여 죽는 최고의 사랑도 있고, 어떤 사람은 끝까지 신앙을 지키다가 순교로 죽음을 맞이하기도 한다. 이러한 죽음은 많은 사람들에게 아름다운 죽음의 교훈을 주고 자신의 죽음을 거룩하게 한다.

예수님께서 죽으실 때 하나님께서는 성소의 휘장 한가운데를 찢으사 지성소와 성소의 담을 헐어버리셨다. 예수님의 죽으심으로 하나님과 우리 사이에 가로 막혔던 죄의 담이 사라진 것이다. 그래서 하나님께 나아가는 "새로운 살 길"이 열린 것이다. 이 죽음을 지켜보던 사람들이 하나님께 영광을 돌리며 "이 사람은 정녕 의인이었도다" 외쳤다. 우리 모두는 죽음을 향해가고 있다. 어떻게, 무엇을 위해 죽어야 할 것인가?

📖 경건의 묵상

1. 우리는 죽는다는 의식을 가지고 살고 있는가?
2. 우리는 어떻게 살다 죽어야 할지 고민해 보았는가?
3. 죽은 후에 하나님 앞에 서야 한다는 것을 생각하며 사는가?
4. 어떠한 죽음으로 인생을 정리할 것인가?
5. 죽음에 대하여 묵상하여 보았는가?

🎵 찬송가 부르기

찬송가 493장, 492장 세 번 이상 부르기

✊ 한 시간 기도하기

1. 오늘 경건한 신앙의 삶이 되도록
2. 본 교회와 목회자를 위하여
3. 세속화 되어가는 한국교회의 각성을 위하여

4. 주위에 연약한 자, 병든 자의 치유를 위하여

5. 국가의 위정자들을 위하여

6. 북한의 교회와 동포들을 위하여

7. 내 가정과 자녀들의 신앙을 위하여

8. 외국에서 사역하는 선교사들을 위하여

9. 개척 교회와 농어촌 교회와 목회자들을 위하여

10. 헐벗고 굶주린 이웃을 위하여

11. 다문화 가정과 자녀들을 위하여

기도의 불을 붙이라! 기도의 내용을 찾으라 _ C. H. 스펄전

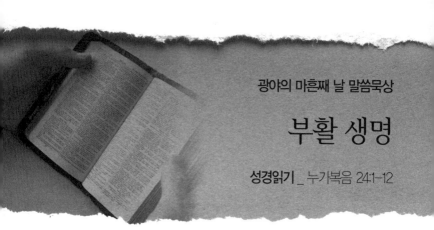

부활 생명

부활의 소망은 기독교 신앙의 생명이다. 그럼에도 부활에 대한 신앙이 생활 속에서 나타나지 않는 것은 기독교의 본질을 잊고 종교화 된 기독교의 타락이다. 부활의 소망이 있기에 이천 년 동안 그 많은 박해 속에서도 세상을 이기고 정복하였으며 오늘날 우리 또한 부활의 믿음을 갖게 된 것이다.

부활은 죽은 자가 다시 살아서 영원히 죽지 않는 것이다. 이것이 영생이요, 이 생명이 예수 안에 있는 것이다. 하나님이 그 아들을 주셨기에 "아들이 있는 자에게는 생명이 있고 아들이 없는 자에게는 생명이 없는 것"이다. 예수님은 십자가에 못 박혀 죽으시고 장사지낸 바 되셨다가 사흘만에 다시 부활하셨다.

"안식 후 첫날 새벽에 이 여자들이 그 준비한 향품을 가지고 무덤에 가서 돌이 무덤에서 굴려 옮겨진 것을 보고 들어가니 주 예수의 시체가 보이지 아니하더라 이로 인하여 근심할 때에 문득 찬란한 옷을 입은 두 사람이 곁에 섰는지라 여자들이 두려워 얼굴을 땅에 대니 두 사람이 이르되 어찌하여 살아 있는 자를 죽은 자 가운데서 찾느냐 여기 계시지 않고 살아나셨느니라 갈릴리에 계실 때에 너희에게 어떻게 말씀하셨는지를 기억하라." (눅 24:1-6)

그렇다. 이 말씀 그대로 예수님은 살아나셨다. 그리고 지금도 살아계신다. 그런데 오늘도 이 여인들처럼 무덤에 가서 예수님을 찾는 자들이 있다.

예수님은 살아계시고 영원히 우리와 같이 계신다. 사십 일 동안 제자들에게 보이시고, 말씀하여 주시고, 성령을 부어주시기로 약속하시고 하늘로 승천하셨다. 약속하신 대로 성령을 보내시고 영원히 함께 하여 주신다.

"내가 아버지께 구하겠으니 그가 또 다른 보혜사를 너희에게 주사 영원토록 너희와 함께 있게 하리니 그는 진리의 영이라 세상은 능히 그를 받지 못하나니 이는 그를 보지도 못하고 알지도 못함이라 그러나 너희는 그를 아나니 그는 너희와 함께 거하심이요 또 너희 속에 계시겠음이라 … 조금 있으면 세상은 다시 나를 보지 못할 것이로되 너희는 나를 보리니 이는 내가 살아 있고 너희도 살아 있겠음이라 그날에는 내가 아버지 안에, 너희가 내 안에, 내가 너희 안에 있는 것을 너희가 알리라"(요 14:16-20)

예수 그리스도의 부활하심은 우리도 부활하여 다시 죽지 않는 영원한 생명을 가지고 하나님이 예비하신 새 하늘과 새 땅에서 하나님 아버지를 모시고 예수님과 함께 영생하게 된다는 것을 실상으로 보여 주신 역사이다. 하나님의 구원 예정은 예수님의 십자가의 죽으심과 부활의 역사로 우리를 살리셔서 영원한 생명으로 하나님의 세계에서 하나님과 함께 영원히 영생하도록 하시는 것이다.

"사랑하는 자들아 거류민과 나그네 같은 너희를 권하노니 영혼을 거슬러 싸우는 육체의 정욕을 제어하라"(벧전 2:11)

예수님은 부활 생명이시다. 하나님의 사랑을 믿고 예수님을 그리스도로 영접하면 그 생명이 내 안에 계시고 그 생명을 통해 때가 되면 우리도 예수님과 같이 영광 중에 부활하여 하나님의 비전의 주인공으로 영생하리라.

📖 경건의 묵상

1. 우리는 지금 어떤 마음으로 신앙생활을 하고 있는가?

2. 부활에 대한 믿음이 생활 속에 어떻게 나타나고 있는가?

3. 예수님과 나와의 관계는 어떤 형식으로 되어 있는가?

4. 내 안에 부활의 영이 있다는 의식을 어떻게 느끼며 사는가?

5. 우리 생활 속에서 어느 때에 주님의 음성을 듣고 있는가?

🎵 찬송가 부르기

찬송가 493장, 492장 세 번 이상 부르기

🤲 한 시간 기도하기

1. 오늘 경건한 신앙의 삶이 되도록

2. 본 교회와 목회자를 위하여

3. 세속화 되어가는 한국교회의 각성을 위하여

4. 주위에 연약한 자, 병든 자의 치유를 위하여

5. 국가의 위정자들을 위하여

6. 북한의 교회와 동포들을 위하여

7. 내 가정과 자녀들의 신앙을 위하여

8. 외국에서 사역하는 선교사들을 위하여

9. 개척 교회와 농어촌 교회와 목회자들을 위하여

10. 헐벗고 굶주린 이웃을 위하여

11. 다문화 가정과 자녀들을 위하여

기도의 불을 붙이라! 기도의 내용을 찾으라 _ C. H. 스펄전